CRIME SCENE®
DARKSIDE

SHE KILLS ME: THE TRUE STORIES OF HISTORY'S DEADLIEST WOMEN
Text © 2021 by Jennifer Wright
Illustrations/Photographs © 2021 by Eva Bee
Texto "Assassinas em Séries" © 2023 by Modus Operandi

First published in the English language in 2021 by Abrams Image, an imprint of ABRAMS, New York. All rights reserved in all countries by Harry N. Abrams, Inc.

Imagens Complementares: Acervo DarkSide,
©Dreamstime, ©Getty Images, ©Alamy

Tradução para a língua portuguesa
© Dandara Palankof, 2023

Diretor Editorial
Christiano Menezes

Diretor Comercial
Chico de Assis

Diretor de MKT e Operações
Mike Ribera

Diretora de Estratégia Editorial
Raquel Moritz

Gerente Comercial
Fernando Madeira

Coordenadora de Supply Chain
Janaina Ferreira

Gerente de Marca
Arthur Moraes

Gerentes Editoriais
Bruno Dorigatti
Marcia Heloisa

Editora Assistente
Jéssica Reinaldo

Capa e Projeto Gráfico
Retina 78

Coordenador de Arte
Eldon Oliveira

Coordenador de Diagramação
Sergio Chaves

Finalização
Sandro Tagliamento

Preparação
Talita Grass
Vanessa C. Rodrigues

Revisão
Débora Grenzel
Retina Conteúdo

Impressão e Acabamento
Gráfica Geográfica

DADOS INTERNACIONAIS DE CATALOGAÇÃO NA PUBLICAÇÃO (CIP)
Jéssica de Oliveira Molinari - CRB-8/9852

Wright, Jennifer
   Damas mortais / Jennifer Wright; tradução de Dandara Palankof;
ilustrações de Eva Bee — Rio de Janeiro : DarkSide Books, 2023.
240 p. : il., color.

   ISBN: 978-65-5598-274-9
   Título original: She Kills Me: The True Stories of History's Deadliest Women

   1. Mulheres homicidas 2. Crime
   I. Título II. Palankof, Dandara

23-2640   CDD. 364.15232

Índice para catálogo sistemático:
   1. Mulheres homicidas

Jennifer Wright

Ilustrações de **EVA BEE**

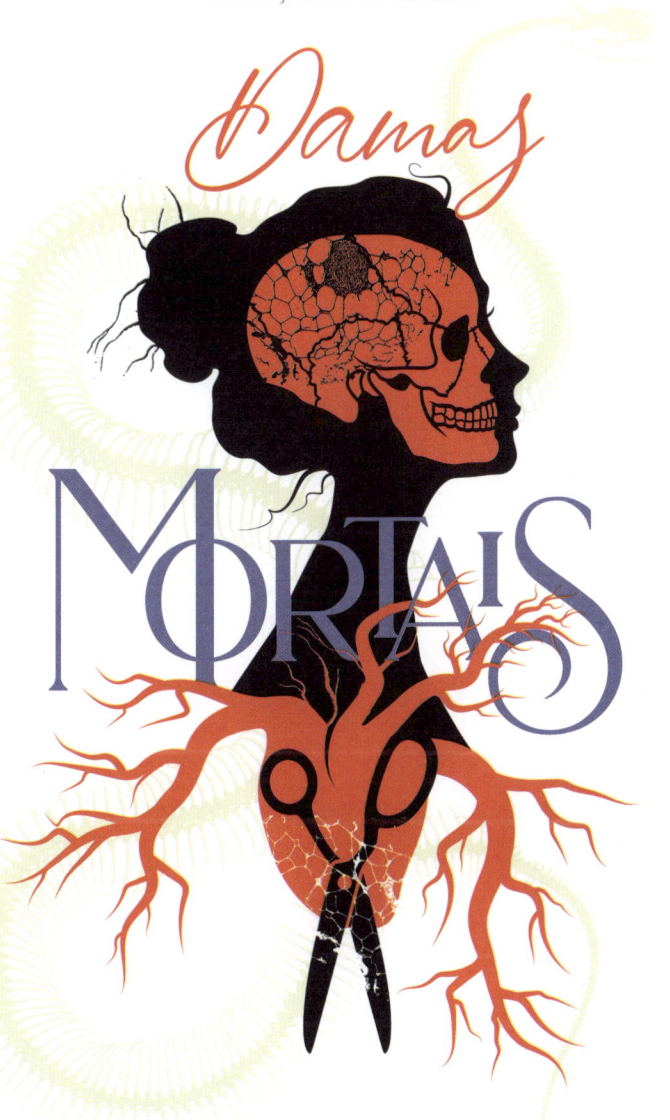

Damas MORTAIS

Tradução: **Dandara Palankof**

DARKSIDE

Prefácio

Para cada uma das mulheres neste livro, há quem as defenda. Seja para bancar o advogado do diabo, seja para insistir que se veja a situação sob todos os pontos de vista, alguém sempre vai apresentar um entusiasmado argumento em defesa de algo — ou de alguém — controverso ou impopular.

É possível encontrar publicações online afirmando que Elizabeth Báthory, a nobre húngara que entrou para o *Guinness Book* como a mais prolífica das assassinas, só poderia mesmo ter sido incriminada. É possível encontrar um relatório afirmando que Irma Greese, a Bela Fera de Auschwitz, foi convencida a torturar e a matar, e que não passava de uma menina apaixonada. Há quem diga que as Bruxas da Noite, as heroicas aviadoras soviéticas, são apenas lenda urbana. E há muitos filmes que tentam provar que Lizzie Borden, a assassina do machado, era inocente. Até 1998, Roy Hazelwood, do FBI, afirmava "não existir assassinas em série".

As pessoas tendem a achar que mulheres não matam. Ou, pelo menos, que elas não matam a menos que sejam obrigadas por um homem. Algumas mulheres alegam que essas assassinas teriam sido incriminadas pelo patriarcado. E alguns homens, a partir de um experimento obscuro com uma Barbie e um garfo, tentam provar que mulheres são fracas para carregar espadas. Sou mais inclinada a compreender o primeiro argumento, já que o patriarcado de fato trata as mulheres de forma terrível e nos chamou de bruxas por tanto tempo da história humana.

Mas nenhuma dessas explicações muda o fato de que algumas mulheres cometeram assassinatos. Talvez por causas de alguma forma justificáveis, talvez por motivos terríveis.

Se você está lendo este livro, há uma boa probabilidade de ser mulher. Você também é uma pessoa. E sendo humana, você já deve ter sentido uma grande raiva em algum momento da vida.

Eu sei que sim.

É quase um segredo inconfessável para as mulheres que podemos sentir muita raiva. Mulheres gritando ou visivelmente irritadas, não importa o quanto seja legítimo, são menosprezadas por serem "histéricas". Homens gritam e esbravejam em púlpitos e passam uma imagem de masculinidade; mulheres introduzem sugestões racionais com "Desculpe, só acho que talvez..." e concluem com "isso faz sentido?".

Ao longo de boa parte da história, as mulheres têm sido muito boas em mascarar sua raiva, sobretudo por medo. Basta olhar para as mordaças de bruxa — instrumentos de tortura do século XVII, colocados na cabeça e na língua das mulheres para impedi-las de falar quando os homens as consideravam muito pentelhas. Ao longo dos séculos XVIII e XIX, era aceitável que os homens aprisionassem "esposas-problema" em sanatórios. Dê um Google sobre Elizabeth Packard, que discutiu com o marido e passou três anos tentando provar aos médicos que não era insana. Então, lembre-se das imagens de bruxas na fogueira: na maioria das vezes, eram apenas mulheres independentes, que não eram muito afeitas aos homens e à sociedade.

Se sua vida e liberdade dependem de um comportamento dócil, você vai ser dócil. Nos tornamos tão boas em esconder sentimentos que os homens pensam que não sentimos raiva. Qualquer atitude diferente do esperado ainda surpreende. Por isso os homens acham "assustador" quando as mulheres falam: "Ei, parem de nos assediar no trabalho".

De fato, mulheres são totalmente capazes de criar um momento de medo genuíno nos homens. As mulheres neste livro criaram. E, para que conste nos autos, um momento de medo *genuíno* não é "mulheres falando para os homens pararem de tocar nos ombros delas no escritório". É mais algo do tipo "mulheres vão começar a envenenar sua comida".

Alguns dos acontecimentos deste livro são tão assustadores e atrozes que incluímos cabeçalhos com tópicos. Você pode não querer ler sobre mulheres que devoram pessoas, eu entendo. Agora, se você não quer viver no mundo que uma mulher pode dizer que não está curtindo sua massagem no ombro dela, aí você está em maus lençóis.

As chamas da fúria queimam no coração de toda mulher, assim como no coração de cada homem. Devido ao tratamento que as mulheres receberam, elas têm ainda mais motivos para que esses sentimentos ardam com mais calor e força. E, vez por outra, alguma mulher vai chegar às vias de fato — e se tornar assassina.

Negar a sonora raiva assassina das mulheres é negar-lhes a extensão total das emoções humanas. A raiva ainda sabe aflorar. Permita que as mulheres a seguir mostrem momentos quando isso aconteceu.

Damas Mortais
Jennifer Wright

1

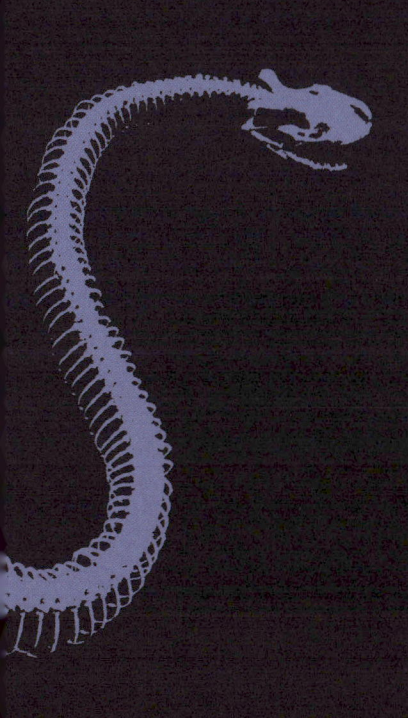

PSICOPATAS

— mas não do jeito que os misóginos dizem

É, isso mesmo, mulheres também podem ser *terríveis*.

Elizabeth Báthory

tortura
e canibalismo

(1560–1614)

A condessa Elizabeth Báthory não poderia ter nascido em um berço melhor: sobrinha do rei da Polônia e do príncipe da Transilvânia, seu pai era barão. Ela cresceu em um castelo e estudou todo tipo de ciências, sendo conhecida por sua aparência. Ou seja, a garota tinha tudo — fortuna, educação, beleza. Além de uma sede de sangue única, que faria dela a assassina em série mais famigerada da história.

Elizabeth não era poupada de ver a brutalidade nas propriedades da família, na Hungria. Quando criança, assistiu a um ladrão ser posto dentro da barriga de um cavalo moribundo, que logo depois foi costurada. A punição, que não era incomum, servia para que o ladrão tentasse sair do interior do animal, o que levaria o cavalo a contra-atacar, garantindo um desconforto absurdo a ambos (mesmo se ficasse deitado e imóvel, morrer rodeado de entranhas de cavalo é tudo, menos agradável).[1] Dizem que Elizabeth se deleitou com a cena e alguns relatos afirmam que ela urinou na roupa de tanta empolgação.

Houve outras experiências de infância inquietantes. Todos faziam as vontades da mimada Elizabeth que, fruto de concepção consanguínea, precisava lidar com convulsões e acessos de raiva. Ela era muito chegada à tia sadomasoquista e ao tio satanista.

A garota tinha tudo — fortuna, educação, beleza. Além de uma sede de sangue única, que faria dela a assassina em série mais famigerada da história.

Aos 14 anos, Elizabeth se casou com o conde Ferencz Nádasdy e se viu entediada. Ela sabia ler e escrever em húngaro, latim e alemão, mas havia poucos livros — motivo de irritação para Elizabeth — e pouco a se fazer no castelo além de esperar o marido voltar da batalha contra os otomanos. Passou, então, a se preocupar demasiadamente com a aparência e a se arrumar de forma constante, trocando cinco ou seis vezes de vestido e joias por dia.[2]

Logo após o casamento, ela começou a torturar servos, ao que parece, apenas por diversão. Seu marido, que partilhava de temperamento similar e que tinha adoração pela jovem esposa (o que parece acabar com a noção de que você precisa se esforçar a fim de se tornar digno do amor de alguém), construiu uma câmara de tortura de acordo com as especificações de Elizabeth.[3] Livre para viver sua paixão pela crueldade, ela costurou a boca de uma serva por falar demais; forçou outra a cozinhar e comer a própria carne. Alguns servos foram cobertos por mel e amarrados ao ar livre para que fossem devorados pelos insetos. Outros, foram deixados molhados do lado de fora, no inverno, para que congelassem.

Mas ela ficou mais conhecida como protovampira. Certo dia, quando uma criada a penteava de forma bruta, Elizabeth a atacou. Nada de novo até aí. Porém, depois de limpar o sangue da criada da mão, lhe pareceu que a pele estava mais suave e translúcida. Elizabeth cortou a garganta da garota a fim de usar o sangue como loção. Em pouco tempo, estava, parece, se banhando em sangue de virgens.

O apetite de Elizabeth por sangue — e assassinato — era insaciável. Moças da região começaram a desaparecer. Em pouco tempo, o vilarejo já não tinha mais vítimas para Báthory. Então, Elizabeth abriu uma escola, encorajando os nobres de menor distinção a mandarem as filhas para morar com ela. Quando os pais abastados se deram conta que as filhas morriam ou desapareciam sob os cuidados da condessa, o rei Mathias da Hungria ordenou a investigação. Ao revistar o castelo, foram encontradas cinquenta garotas mortas ou moribundas, quase todas por ferimentos perfurocortantes. Uma lista com 650 nomes também foi encontrada; um dos servos disse à corte que se tratava de um registro das vítimas.[4]

Pelos três anos seguintes, Elizabeth ficou confinada no castelo, em uma cela sem janelas; seu único contato com o mundo exterior era através das fendas por onde os guardas lhe entregavam a comida. Ela morreu ali, aos 54 anos. Até onde sabemos, no fim da vida, sua pele não parecia melhor nem pior do que a da média das psicóticas de meia-idade no século xv.

Há historiadores que afirmam ser um exagero o número de crimes cometidos por Báthory, provavelmente produto da misoginia da época. Mas tendo a acreditar — descontada a misoginia — nas duzentas pessoas que testemunharam contra Elizabeth, pois muitas delas eram vítimas da condessa.

Delphine LaLaurie

escravização e morte de jovens

(1787–1849)

Delphine LaLaurie nasceu em família extremamente abastada, proprietária de escravizados — um lar que não primava pela elevação moral. Mas ela conseguiu atingir profundezas ainda mais baixas que seus pares, mesmo a se considerar uma época em que "proprietárias de escravos [eram] notórias por sua crueldade".[5]

Delphine era conhecida em toda New Orleans pelo charme e as festas elegantes, mas também pelos acessos extremos de fúria. Alguns atribuíram a forma cruel com que tratava as pessoas escravizadas ao temor de uma insurreição, já que seu tio havia sido morto em uma revolta. Entretanto, até seus filhos falavam de seu mau temperamento, e que tomavam muito cuidado para "evitar qualquer coisa que suscitasse o mau humor de mamã".[6] É mais provável que as pessoas escravizadas apenas fossem bodes expiatórios para o ódio de Delphine, já que ela entendia muito bem que não podia atacar pessoas brancas.

Dito isso, muitos dos convidados à casa de Delphine notavam que era anormal o quanto os escravizados pareciam malnutridos e maltratados.

Quando as notícias da crueldade de Delphine se espalharam — queixas contra ela foram registradas por vizinhos em 1828, 1829 e 1832 —, um jovem advogado foi enviado até a casa dela para lembrá-la da lei que previa que pessoas escravizadas, se capazes de provar terem sido vítimas de tratamento cruel, poderiam ser tiradas de seus senhores. O advogado deixou o encontro chocado que uma mulher tão refinada e agradável fosse capaz de qualquer ato pernicioso.

Nos Estados Unidos, brancas abastadas e de boa aparência geralmente se safam das crueldades que cometem.

Então, uma escravizada (alguns relatos afirmam que tinha 8 anos) repuxou um nó do cabelo de Delphine enquanto o escovava. Ela ficou furiosa. Perseguiu a criança pela casa com um chicote, até que a criança — apavorada — fugiu pelo telhado e mergulhou para a morte à plena vista dos vizinhos.

Essa menina, por mais surpreendente que possa parecer, talvez tenha sido *mais bem tratada* do que a maioria das outras vítimas de Delphine.

A cozinheira da casa estava acorrentada para não se afastar mais que dez metros do fogão, mesmo no calor acachapante do verão da Louisiana; ela não recebia comida. Apesar de preparar jantares opulentos para os convidados, passava fome. Por fim, em 1834, ela decidiu que preferia morrer a suportar os maus-tratos e começou um incêndio, que logo se espalhou.

É certo que ninguém poderia culpar a cozinheira por querer transformar em cinzas aquela casa. Mas o incêndio alertou os vizinhos. Enquanto corriam para extinguir o fogo, notaram que Delphine estava do lado de fora — sozinha, sem nenhuma das pessoas escravizadas. Quando entraram para combater as chamas, a cozinheira gritou para que salvassem quem estava no sótão. As autoridades foram levadas até o cômodo, além de alguns curiosos. Quando chegaram lá, encontraram sete escravizados acorrentados. Alguns visitantes passaram mal com a cena. O mau cheiro e as larvas nas feridas das vítimas eram o suficiente para revirar o estômago de qualquer um.

Quatro anos depois, em 1838, a socióloga Harriet Martineau escreveu: "Os esqueletos de dois dos nove escravos foram descobertos; os outros sete mal podiam ser reconhecidos como humanos. Os rostos tinham o desvario dos famélicos e os ossos despontavam da pele. Estavam acorrentados e amarrados em posição de contenção; alguns de joelhos, alguns com as mãos sobre a cabeça. Vestiam colares de ferro com cravos que mantinham as cabeças em uma única posição".[7] Ao lado deles, era possível ver o chicote de Delphine e o banco que subia para surrá-los de um ponto mais favorável.

O folclore ao redor dos maus-tratos de Delphine às pessoas escravizadas foi crescendo ao longo dos anos. Nos passeios assombrados* no French Quarter de New Orleans, há quem diga que as bocas dos escravizados eram preenchidas com fezes e costuradas. Outros afirmam que os ossos de um escravizado haviam sido quebrados e deslocados até que se tornasse um "caranguejo humano". Outra história afirma que uma mulher teve toda a pele arrancada, lembrando uma lagarta. Isso talvez aponte para o apetite insaciável de algumas pessoas por histórias de perversidade, como se acorrentar pessoas em posições desumanas, colocar cravos ao redor do pescoço delas e deixá-las para morrerem carbonizadas em casa não fosse chocante o *suficiente* e, por isso, ainda precisam inventar histórias mais horrorosas.

É certo que, na época, os testemunhos bastaram para que os vizinhos se voltassem contra Delphine. Naquela que pode ser a única vez na história em que uma turba de tochas em punho estava certa, os moradores tentaram destruir a mansão dos LaLaurie. A casa foi incendiada, mas Delphine e o marido escaparam.

Houve rumores de que foram para Paris. Se for verdade, então ela terminou a vida em uma das cidades mais belas do mundo. Só podemos esperar que Delphine LaLaurie, morta já há muito tempo, esteja em um lugar bem mais quente do que a cozinha onde aprisionou sua cozinheira.

---

* Passeios turísticos em que são contadas histórias assustadoras dos locais visitados. [Nota da Tradutora, daqui em diante NT.]

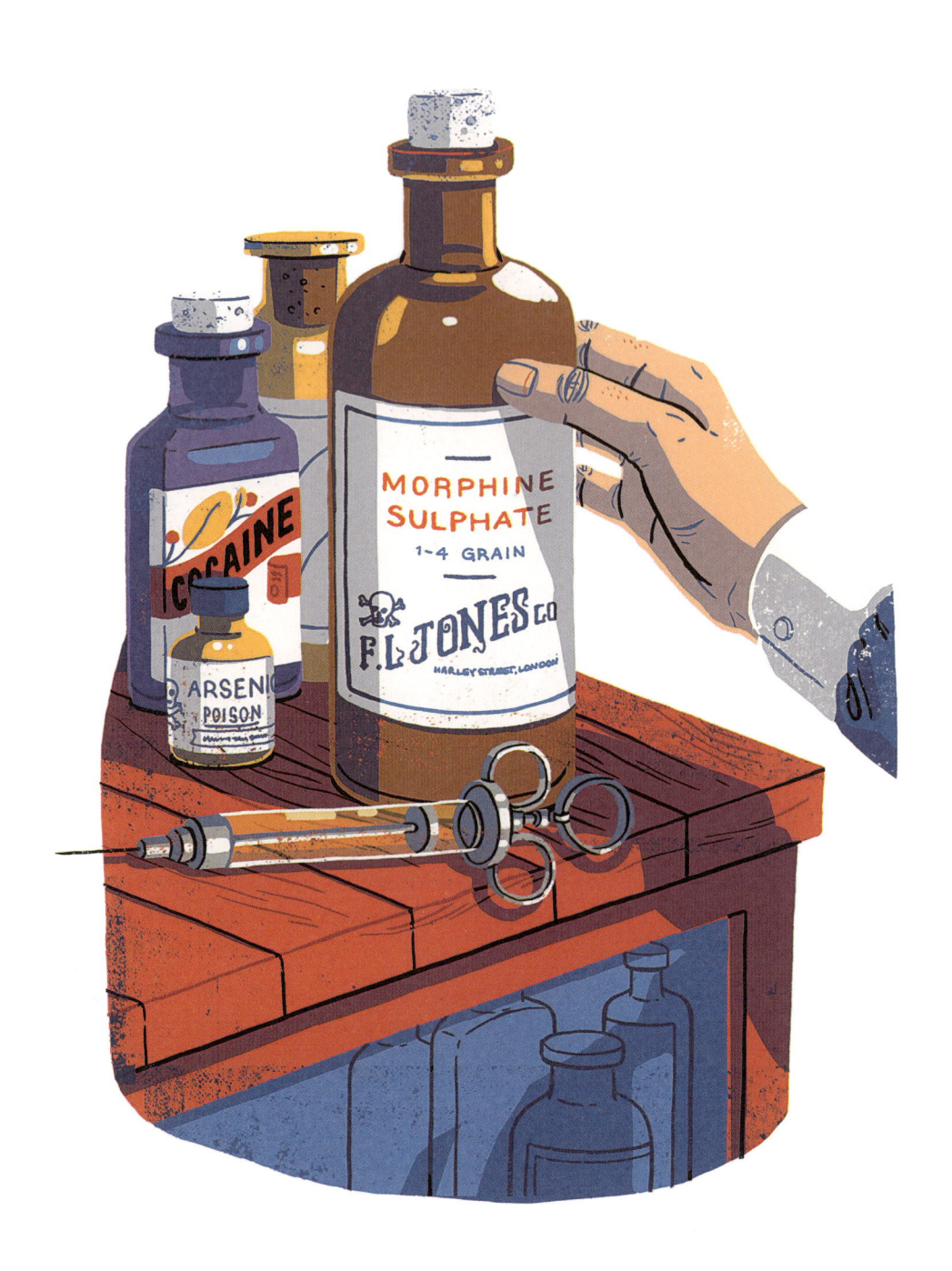

"Jolly Jane" Toppan

assassinato e envenenamento

(1854–1938)

Nem todo homicida precisa superar a aversão natural ao ato de matar. Não são todas as pessoas que assassinam apenas em legítima defesa, ou porque são intolerantes e acreditam que certos grupos mereçam, ou porque estão tomadas pelo ódio. Algumas pessoas apenas gostam de matar, do mesmo modo que outras preferem ler ou jogar tênis. Algumas pessoas sentem até estímulo sexual ao tomar uma vida.

"Jolly Jane" Toppan era uma dessas.

Seu apelido, com certeza, não vinha da infância. Nascida Honora Kelley, era filha de imigrantes irlandeses. A mãe morreu de tuberculose quando Jolly tinha apenas 1 ano de idade. Seu pai, alfaiate, sofria de depressão, o que parece um resumo muito polido do que o afligia, dado que, supostamente, costurou os próprios olhos.

Não muito depois, Jane foi enviada ao orfanato e então adotada pela família Toppan aos 5 anos de idade, e rebatizada como Jane Toppan.

A nova família a tratava mais como serva do que filha, a incumbindo dos serviços de casa. Apesar disso, tinha um local seguro para ficar, era popular e benquista na escola. Mas apenas por que — ou apesar de que — ela contava as mais elaboradas mentiras. Dizia, por exemplo, que o pai morava na China e que a irmã era uma beldade famosa, casada com um lorde inglês. Mas, com as circunstâncias infelizes de sua vida doméstica com os Toppan, dá para entender por que preferia a fantasia em vez da realidade.

Por algum tempo, ela levou uma vida bastante normal: trabalhou como criada para o casal Toppan e, então, para a filha deles, Elizabeth, que não era casada com um lorde inglês. Mas os aspectos mais horrendos da personalidade de Jane vieram à luz em 1887, quando optou pela enfermagem, aos 33 anos de idade.

Por fora, Jane era tão entusiasmada com o treinamento que a equipe a apelidou de "Jolly [jovial] Jane". Muitos dos pacientes se afeiçoavam a ela, pessoas com quem desenvolvia intimidade — tanta, que ela até adoecia novamente os seus favoritos com superdosagem de remédios, apenas para mantê-los no hospital mais algumas semanas.

Era, de um modo apavorante, o melhor que você podia esperar se fosse tratado por ela. Os pacientes de quem Jane não gostava, ela apenas matava.

Começou dando a esses infelizes pacientes overdoses de morfina. Em pouco tempo, estava misturando diferentes remédios para provocar diferentes sintomas, estratégia que Jane empregava em parte para fazer as mortes parecerem acidentais, mas também porque gostava de experiências. É importante ressaltar que Jane não matava os pacientes porque estavam em grande sofrimento ou pediam por eutanásia. Não era um ato de misericórdia. Matava porque gostava de ver as pessoas morrerem. Gostava ainda mais de assisti-las morrer de modos diferentes. Ela afirmou que isso produzia nela um frisson erótico que chamava de "deleite voluptuoso".[8]

Em 1887, pacientes em hospitais morriam com regularidade, de modo que os crimes de Jane não levantavam qualquer suspeita. O que chamou a atenção das pessoas foi que ela também roubava as vítimas. Por volta de 1890, ela passou a trabalhar como enfermeira particular para quem precisasse de cuidado domiciliar.

Ela trabalhava sobretudo com idosos. O que era uma infelicidade, já que Jane acreditava que "não havia utilidade em manter vivas as pessoas velhas".[9] Porém, nesse período, ela não apenas matou os idosos, como também assassinou a própria irmã, Elizabeth, observando com satisfação ela morrer em seus braços.

Depois, Jane queria se casar com Oramel Brigham, o viúvo de Elizabeth. Ela, em seguida, matou a empregada da casa (com quem temia que ele casasse após a morte de Elizabeth) e a irmã dele. É como se Jane tivesse certeza de que Brigham se casaria com ela assim que não tivesse nenhuma mulher disponível. O que, além de ser sociopático, no caso dela não foi uma estratégia eficaz. Quando Oramel não demonstrou interesse em se casar com ela, Jane tentou envenená-lo para cuidar dele até que recuperasse a saúde. Como essa estratégia só funcionou (spoiler!) no filme *Trama Fantasma*, seu plano falhou outra vez.

Jane só foi descoberta em 1901, quando matou uma família de modo estúpido. A autópsia encontrou veneno nos corpos. Ela foi presa e confessou ao menos trinta mortes, e é possível que tenham sido mais de cem.

Choveram cartas de pessoas que não conseguiam conciliar a conduta animada da enfermeira com as tendências assassinas. Em seu julgamento, em 1902, ela foi descrita como "moralmente insana". Jane se opôs à descrição: "Posso ler um livro e compreendê-lo, não tenho maus pensamentos, então não vejo onde entra a degeneração moral".[10] Se me permitem um comentário pessoal, creio que a degeneração moral entra quando se começa a matar pessoas por diversão. Jane também disse que não sentia absolutamente qualquer culpa ou remorso por suas ações, o que indica que era mesmo psicopata.

Parte da defesa de Jane se baseava em ela ter sido uma celibatária involuntária. Ela comentou: "se eu fosse casada, provavelmente não teria matado todas essas pessoas. Teria marido, filhos e a casa para ocupar minha cabeça".[11] Era uma justificativa tão idiota e esfarrapada naquela época quanto é hoje. Se Jane tivesse tido família ou filhos, é mais provável que os tivesse matado em vez de se curar da psicopatia.

O júri concordou com ela. "Jolly Jane" foi inocentada por insanidade e internada em uma instituição, onde viveu até a morte, aos 87 anos. Segundo as enfermeiras de lá, quando outros pacientes adoeciam, Jane dizia: "Pegue um pouco de morfina, querida, e vamos até a enfermaria. A gente vai se divertir um bocado olhando eles morrerem".[12]

Clementine Barnabet

*sede de sangue
e sacrifícios*

(1894–?)

Em fevereiro de 1911, um jornal da Louisiana noticiou o que seria "o assassinato mais brutal na história desta editoria".[13] Os Byer, família de pessoas negras de West Crowley, Louisiana, foi morta e esquartejada. A mãe, o pai e o jovem filho foram encontrados na cama, todos com marcas de ataque de machado na cabeça. Além disso, havia uma bacia de sangue no canto do quarto, o machado na cabeceira da cama e rastros de sangue marcavam o chão.

Os Byer foram os primeiros. Mas não seriam os últimos.

Menos de duas semanas depois, em 24 de fevereiro, os Andrus, família de quatro pessoas, também negras, foi massacrada de maneira similar. Como no crime anterior, um machado repousava na cabeceira da cama.

Embora assassinatos fossem comuns nas áreas de baixa renda da Louisiana, mortes a machadadas não eram. No início, a polícia presumiu que o assassino agia por ódio racial. Por isso, não suspeitaram de Clementine Barnabet, negra, 17 anos, que comandava uma seita homicida.

Baseada em suspeitas, a polícia concluiu que os crimes foram cometidos pelo pai de Clementine. Ele tinha a reputação de violento e, o mais importante, sua recatada filha havia dito à polícia que tinha visto o pai coberto de sangue e miolos. Ele provavelmente seria condenado, mas outro crime teve vez enquanto ele aguardava julgamento na cadeia.

[...] a polícia não conseguia compreender como poderia ter cometido tantos assassinatos com um machado, o que exigia força física considerável.

Então, um terno completo coberto de sangue foi encontrado no quarto de Clementine. Quando o encontraram, ela teve um ataque de riso, que é bem o comportamento que se esperaria de um assassino serial nessa situação. Mas como ela era muito franzina, a polícia não conseguia compreender como poderia ter cometido tantos assassinatos com um machado, o que exigia força física considerável. Contudo, seu comportamento esquisito foi o bastante para que a polícia a prendesse, bem como a seu irmão e a dois outros homens.

Mas os crimes continuaram na Louisiana, e depois no Texas, mesmo com Clementine na cadeia.

Logo, um aspecto místico dos assassinatos veio à tona. Em uma das casas, os corpos foram encontrados com a inscrição bíblica "Pois aquele que requer o sangue lembra-se deles e não se esquece do clamor dos aflitos" escrita com sangue.[14] Estava assinada "Os Cinco Humanos".

Devido ao elemento religioso nos assassinatos, a suspeita recaiu sobre uma pequena congregação pentecostal conhecida como a Igreja do Sacrifício. Seu pastor, o Reverendo Harris, foi preso[15] e libertado pouco depois, quando explicou que não tinha ideia de como algum de seus sermões poderia inspirar assassinatos tão sangrentos. O pastor deve ter ficado tão confuso com as ações de Clementine quanto os Beatles com Charlie Manson.

Se havia alguma seita em ação com muita sede de sangue, Clementine parecia ser a líder. Em abril de 1912, ela confessou, admitindo a morte de, pelo menos, dezessete pessoas com as próprias mãos. A mulher explicou que se vestia com roupas masculinas e pulava a bordo de trens para cometer os assassinatos e, o que é ainda mais perturbador, deitava-se nas camas e afagava os cadáveres. Ela também afirmou ter vários seguidores, incluindo o irmão e o pai, incitados por Clementine a matar em seu nome. E que seus seguidores não tinham medo de serem pegos por estarem protegidos por feitiços de vodu.[16]

Após a confissão, o jornal *Mitchell Commercial* relatou que "As mulheres da seita estavam em posição de igualdade com os homens e partilhavam com eles o sacrifício de vidas humanas".[17] Creio que, nesse sentido, eles realmente abriram muitas cabeças na luta pela igualdade.

Talvez Clementine não estivesse errada sobre as pessoas que a seguiam estarem protegidas. Apesar das várias buscas e tentativas de prendê-las nos anos seguintes, a maioria delas (se é que existiam) nunca foi encontrada. Os assassinatos continuaram até 1913 e, então, cessaram sem razão aparente.

Quanto a Clementine, as pessoas tinham certeza de que seria condenada à pena de morte. Em vez disso, talvez porque a morte parecia um destino muito definitivo para uma mulher tão jovem, foi condenada à prisão perpétua na Penitenciária Estadual de Angola. Dez anos depois, ela foi embora. Ninguém sabe como, mas é mais um dos duradouros mistérios que a cercam.

E o lugar para *onde* ela foi, ninguém sabe. O mais perto que temos de alguma informação de que fim Clementine levou, vem de 2002, quando Voodoogal II relembrou que a avó contava a história da matadora, "uma negra tão linda, com pele de alabastro e olhos tão perfurantes que te transformava em pedra só de olhar".[18] Apenas depois, no funeral dela, nos anos 1980, quando viu fotos da falecida jovem, que Voodoogal II se deu conta de que sua avó *era* Clementine Barnabet.

Irma Grese

sadismo e mutilação

(1923–1945)

Mais adiante farei jus, de forma espalhafatosa e detalhada, a algumas mulheres que mataram nazistas. Mas da forma que vivemos hoje, em uma época em que a expectativa é ser respeitosa com todas as pessoas e se abster de socar quem abraça ativamente o nazismo, talvez você me ache injusta. Nesse caso, me permita apresentar as monstruosidades da nazista Irma Grese.

Irma, às vezes chamada "a bela fera de Belsen" e a "hiena de Auschwitz",[19] era da ss (*Schutzstaffel*), a tal "tropa de elite" do Partido Nazista. A ss fazia a supervisão dos campos de concentração, orquestrando a "solução final" — hoje mais conhecida como holocausto. Irma começou sua carreira como guarda no campo de concentração de Auschwitz em 1942, e foi transferida para Bergen-Belsen como diretora da ala feminina em 1945. Naqueles campos de concentração, já bastante cruéis, ela ganhou fama pela *extrema* crueldade.

É preciso muita dedicação para uma guarda da ss se destacar como *especialmente* terrível, dado que o serviço era levar prisioneiras para a morte, e matá-las de maneira rápida em câmaras de gás ou com injeção de veneno na veia. Mas Irma deu seu jeito.

Irma transformou o campo feminino de Auschwitz em um "parque de diversões do sadismo".

Era raro que guardas mulheres assassinassem de forma tão direta. Até se pensava que eram um pouco mais misericordiosas que os homens. Muitas nem eram filiadas ao Partido Nazista — apenas mulheres da região que precisavam de emprego (me permita um aparte: se um dia pressionarem você a aceitar um emprego que parece imoral, lembre-se de como essas pessoas aqui entraram para história). Mas Irma não. Ela gostava do serviço. Ao que consta, Irma transformou o campo feminino de Auschwitz em um "parque de diversões do sadismo", mesmo sem haver nenhuma pressão para isso acontecesse.[20]

Nada no passado de Irma apontava esse caminho: ela cresceu na fazenda, o perfeito estereótipo da *fräulein* loira e de faces viçosas do interior que os nazistas admiravam. Ela havia aspirado, mas falhado, em se tornar enfermeira. Uma prisioneira de Auschwitz, Vera Alexander, disse à pbs: "Achei que ela não passava de uma matuta bobinha. E se tornou alguém só porque estava de uniforme e tinha um chicote".[21]

Ela se corrompeu. A sobrevivente Fania Fénelon, que escreveu sobre suas experiências nos campos de concentração em *Playing for Time*, observou que "As mulheres tinham pavor das penalidades das advertências de Irma, sendo a mais leve uma chicotada no mamilo".[22] Quando as feridas infeccionavam, Grese gostava de assistir aos "médicos" de Auschwitz as "operando".

Irma era uma das poucas mulheres com porte de arma e não hesitava em usá-la contra as prisioneiras de Auschwitz. Vera Alexander mencionou que "Ela matou uma mulher a tiros na minha frente. Os miolos voaram no meu ombro. No dia seguinte, após a triagem, Irma veio me ver, mas me recusei a falar com ela. 'Está com raiva de mim?'. Eu respondi, 'você quase me matou ontem'. Ela respondeu: 'uma a menos, que diferença faz?'".[23]

Para Irma, não fazia diferença mesmo. As testemunhas no campo afirmaram que surrava pessoas por ninharias, como "os sapatos ou as meias-calças erradas".[24] Ela atirou em duas mulheres que tentaram fugir da câmara de gás. Atiçou um cão faminto para mutilar ou matar as prisioneiras (eu queria muito, muito mesmo, entre outras coisas, que não houvesse um cão nisso, pois todos os cachorros são bondosos).

Ao fim da guerra, Irma foi uma das únicas três guardas mulheres sentenciadas à morte. A execução aconteceu em dezembro de 1945 e suas últimas palavras foram "seja rápido".[25] Ex-prisioneiras do campo de concentração receberam autorização especial para testemunhar o enforcamento.[26]

E então ela morreu.

E acho que posso dizer: "uma a menos".

DAILY CRIME

DAMAS MORTAIS

Descubra como identificar uma real psicopata

Se você está preocupado com a possibilidade de ser psicopata, trago boas notícias! É bastante provável que você não seja. Lucy Foulkes enfatizou, no jornal *Guardian*, que muita gente apresenta ocorrências periódicas de traços psicóticos, mas uma característica decisiva em psicopatas é que são "indiferentes aos efeitos que seu comportamento causa nas outras pessoas". Então, em um raciocínio meio torto, se você tem "preocupação" com a possibilidade de portar esse transtorno de personalidade, está tudo bem com você.

Agora, se tiver preocupação com a chance de alguém que conheça ser psicopata, e quiser identificar a pessoa antes que ela mate você, eis alguns traços de identificação:

- Cruel com animais. Na juventude, a maioria dos psicopatas diagnosticados torturou e matou animais. [27]
- Pessoa superficialmente charmosa, não sente qualquer apego emocional àqueles com quem conversam. [28]
- Acredita ser superior às outras pessoas. [29]
- Faz o que quer, sem consideração pelas leis ou pela moral. [30]
- Tem pouco controle dos impulsos e tendência a comportamentos arriscados, como sexo sem proteção ou abuso de substâncias. [31]
- Já teve problemas com a lei. [32]
- Mente com frequência. [33]
- Tem dificuldade para identificar emoções — como o medo — a partir de expressões faciais. [34]
- Sente prazer em causar dor a outras pessoas. [35]
- Pode sentir solidão ou tristeza, mas não muita ansiedade ou culpa. [36]

Damas Mortais
Jennifer Wright

2

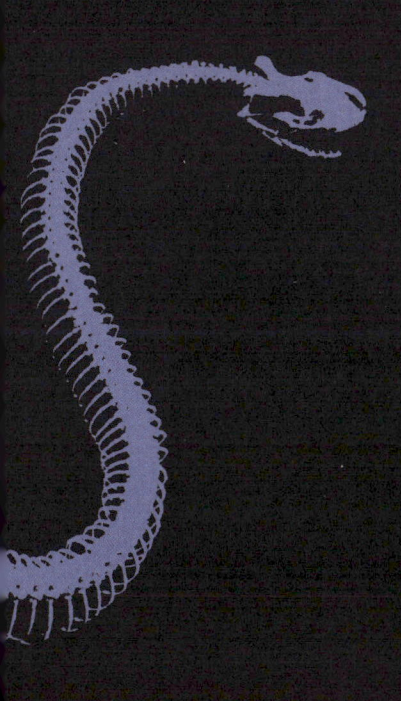

VÍBORAS

"Fazer veneno é tão divertido quanto bater bolo.
As pessoas gostam de fazer veneno. Se você
não entende isso, nunca vai entender nada."
— Margaret Atwood

Locusta de Gaul

morte de jovens e estupro

(Morta em 69 d.C.)

É bom ter um emprego em que se tem o respeito das outras pessoas. Mulheres sempre trabalharam duro, esqueça as imagens fetichizadas dos anos 1950. Só que, com raras exceções, tipo as rainhas, o trabalho quase sempre era limitado à casa — labutando de faxineira, cozinheira ou governanta. Era menos comum uma mulher encontrar trabalho em outro ambiente que pudesse elevá-la financeira e socialmente.

Você não ia ter como trabalhar de envenenadora profissional, por exemplo. Quem conseguiu essa vaga foi Locusta de Gaul, a envenenadora mais famosa de Roma, descrita com frequência como a primeira assassina serial da história (embora, até onde eu saiba, seus motivos eram inteiramente mercenários e, diferente da maioria dos assassinos seriais, ela não obtinha satisfação com as mortes).

Nascida na área rural de Gaul, Locusta cresceu aprendendo sobre ervas e botânica, incluindo os benefícios e os perigos de certas plantas. Ao se mudar para Roma, ela se deu conta de que a maneira mais rápida de fazer dinheiro com esse conhecimento era vender veneno. Em uma cidade de ganância e ambição desenfreadas, todos tinham muitos inimigos, por isso, não lhe faltaram clientes.

A alta procura não significava imunidade à lei. Locusta foi presa e poderia ter morrido cedo caso a informação de suas habilidades não tivessem chegado aos ouvidos da imperatriz Agripina Menor. Em 54 d.C., Agripina queria matar o marido Cláudio, para ter mais garantias de que o filho, Nero, herdaria o trono. E, por isso, ela contratou Locusta.

Primeiro, Locusta forneceu um veneno para mexer com as entranhas do segurança e provador de comidas de Cláudio. Com ele fora do caminho, o veneno foi espalhado nos cogumelos, prato favorito de Cláudio. Ele os comeu com vontade. Porém, cauteloso, Cláudio sempre carregava uma pena consigo. No caso de suspeita de envenenamento, ele usaria a pena para fazer cócegas na garganta e, assim, provocar o vômito.

Mas o plano falhou.

Porque Locusta foi competente o bastante para mergulhar até a pena no veneno.

Agripina não foi a única da família a empregar as habilidades de Locusta. Nero não se contentou com as maquinações da mãe para garantir-lhe o trono permanentemente. Ele pediu a Locusta veneno para matar Britânico, seu irmão (e rival na sucessão).

O assassinato exigiu requinte e planejamento. O veneno não podia ser apenas derramado na comida ou na bebida de Britânico, já que tudo era testado pelo provador de comida. Se o veneno fosse de ação rápida, o provador morreria quase instantaneamente, deixando seu empregador ileso. Se o veneno fosse de ação lenta, o fato de adoecerem os dois provaria o envenenamento, talvez até lançando alguma suspeita sobre o assassino. Nada disso podia acontecer.

Então, em uma festa, Britânico foi presenteado com um cálice de vinho extremamente quente, mas totalmente inofensivo. O provador de comida o provou e saiu ileso. Mas Britânico logo começou a arfar e "sem fala, parou de respirar".[37]

O veneno não estava no vinho. Estava no jarro de água fria que Britânico usou para baixar a temperatura do vinho. Enquanto morria na frente da festa inteira, arfando em busca de ar, Nero disse que o irmão sempre sofria de acessos epiléticos.

Nero é lembrado como um imperador cruel e insano. Mas Locusta estava à altura. Ele a libertou da prisão, a nomeou "Envenenadora Imperial" e lhe concedeu um vasto patrimônio. E, ainda mais importante, também emitiu um perdão para os vários envenenamentos que ela havia cometido. Locusta passou o que, presumo, terem sido alguns anos bem felizes matando sob a orientação da família imperial e, até mesmo, conseguiu abrir uma escola para ensinar a fabricação de venenos.

Nada mal para uma camponesa de Gaul.

Mas a alegria durou pouco. Os cidadãos se revoltaram contra Nero e o senado o condenou. Compreensível, já que estava sempre matando alguém — incluindo a própria mãe, Agripina, que tanto fez para vê-lo no trono (quando os assassinos de Nero chegaram, ela disse, com pesar, para apunhalá-la no ventre). Nero cometeu suicídio em 68 d.C. Para sua infelicidade, sem o auxílio dos venenos de Locusta. O sucessor de Nero, o imperador Galba, rápida e sensatamente prendeu os auxiliares de Nero e os condenou à morte.

Há um mito sobre Locusta, que uma girafa especialmente treinada a estuprou até a morte. Dada a paixão dos romanos por punições com animais, não parece *totalmente* impossível. Porém, o mais provável que tenha passado dessa pra melhor de forma menos bizarra. Dião Cássio escreveu, "Locusta, a feiticeira, e outros da escumalha que se alçou à superfície nos dias de Nero, ele [Galba] ordenou que atravessassem toda a cidade acorrentados e, então, fossem executados".[38]

Portanto, embora seja impreciso dizer que "o crime não compensa" — compensa sim, é uma das principais razões para as pessoas andarem fora da lei. Contudo, no caso de Locusta, ele foi mais como um veneno de ação rápida.

Giulia Tofana

envenenamento e tortura

(c. 1620–1659)

Havia um tempo em que a pior coisa que podia acontecer a um casamento não era o divórcio. Em boa parte da História, os casais ficavam juntos até a morte, mesmo que infelizes.

Embora alguns casais conseguissem reavivar a chama do amor, outros apenas seguiam em frente e matavam um ao outro.

Sem poder trabalhar ou adquirir propriedades, muitas mulheres ao longo da História se deram conta de que a viuvez era o caminho mais curto para ter alguma liberdade. Esse foi a estrada que Giulia Tofana ajudou a pavimentar, acompanhada de outras mulheres no século XVII.

Giulia nasceu em Palermo. A mãe, Thofania d'Adamo, foi executada por matar o marido, em 1633[39]. Ela deixou para Giulia a receita de um veneno muito eficaz, que ficou conhecido como "Aqua Tofana".[40] Brilhantemente disfarçado como cosmético (para mitigar as suspeitas dos homens), o veneno misturava arsênico, chumbo e beladona. Cada um desses ingredientes é mortal por si; juntos, podem matar alguém em apenas quatro gotas. Na primeira, a pessoa apresenta sintomas similares aos de resfriado. Com a segunda, pareceria ter gripe. Com a terceira, ficava acamado e, com a quarta, morria.[41]

A maior vantagem do veneno era ser extraordinariamente difícil de detectar, como relatado em uma revista na década de 1890:

> *A fim de resguardar sua aparente inocência, a esposa poderia exigir um exame post mortem. Resultado, nada — a não ser a possibilidade de posar como inocente e caluniada e, então, lembrar a todos que seu marido morreu sem dor, nem inflamações, febres ou espasmos. Se depois disso, dentro de um ano ou dois, a mulher formasse um novo vínculo, ninguém poderia culpá-la; pois, levando-se tudo em conta, seria para ela uma provação dolorosa continuar a carregar o nome de um homem cujos parentes a acusaram de envenená-lo.[42]*

E, simples assim, uma esposa infeliz se libertava.

Giulia era viúva, então é possível que conhecesse de perto as qualidades do veneno criado pela mãe. Se ela quis se ver livre do casamento, como a mãe, não foi a única.

Os negócios iam muito bem. Eram tão prósperos, que se estima que Giulia tenha contribuído com a morte de seiscentas pessoas. Diversos colaboradores, incluindo sua filha, começaram a ajudar na preparação e venda das poções, escondidas em frascos brasonados com a imagem de São Nicolau de Bari, a figura que seria a inspiração para o Papai Noel.

Lembre-se disso antes de comprar uma Coca-Cola com a imagem do Papai Noel: antigamente, significava "veneno".

A maneira como terminou o reinado de terror — ou de emancipação feminina — de Giulia ainda é objeto de discussão. Sabemos que "no ano de 1659, no papado de Alexandre VII, foi observado em Roma que muitas jovens casadas haviam se tornado viúvas, e que muitos maridos morreram ao se tornaram desagradáveis para as esposas".[43] Não há dúvidas de que Giulia e seus colaboradores estavam sendo observados.

Há quem diga que Giulia morreu em 1651, tranquila na cama.[44] Outros, que foi delatada por uma mulher tomada pela culpa após quase dar sopa envenenada ao marido.[45]

Porém, outros alegam que, com cada vez mais maridos mortos, as suspeitas recaíram sobre Giulia, que buscou refúgio em um convento. No começo, as pessoas se insurgiram para defendê-la. Mas quando as autoridades espalharam o boato de que Giulia envenenava poços, o povo se voltou contra ela, que então encontrou seu fim. "Arrastada do convento onde estava escondida, ela foi torturada e estrangulada, e o cadáver arremessado sobre a muralha, caindo no jardim do convento."[46]

O veneno durou muito mais do que Giulia. No leito de morte, em 1791, Mozart teria se queixado de que o mataram com Aqua Tofana. O mais provável é que ele tenha morrido de sífilis, mas o fato de que ainda podia ver a mão fantasmagórica de Giulia Tofana se estendendo ao longo das eras é uma imagem maravilhosamente aterradora.

Hoje, Giulia e seu veneno estão quase esquecidos. Mas se o seu marido ficar desagradável, você pode querer lembrá-lo dessa história.

Catherine Monvoisin

*morte de jovens
e magia sombria*

(1640–1680)

Bruxas não existem.

Quando a gente fala de uma "caça às bruxas", é para mostrar quanto a perseguição é absurda. Afinal de contas, bruxas não existem.

Tá, *algumas* existem, mas essas autointituladas bruxas quase sempre são amáveis pagãs ligadas à natureza. O pior que elas podem fazer é cobrar caro por um cristal.

Mas ainda negamos a existência das bruxas como na ficção, todo-poderosas e praticantes das artes sombrias, a menos... Bom, a menos que a gente fale de Catherine Monvoisin.

Sempre há, pelo menos, uma exceção à regra.

Catherine Deshayes começou a vida como sem-teto. Aos 9 anos, passou a cobrar para ler a sorte. Era tão boa, tão talentosa, que juntou uma fortuna considerável. Aos 20 anos, se casou com um joalheiro, Antoine Monvoisin, e se aposentou, mas depois que o negócio do marido foi à falência, Catherine voltou a divinação. Uma rival afirmou que "antes de se levantar, toda manhã, havia gente esperando e, ao longo do dia, ela encontrava mais gente, depois, deixava a casa aberta à noite com violinos tocando, e estava sempre fazendo folia".[47] Ela fazia leituras de mão, de rosto e... abortos.

Há quem diga que o fardo financeiro poderia ter sido mais leve se não tivesse que sustentar o marido — e, talvez, por concordar com isso, Catherine tentou matá-lo inúmeras vezes. "A forma padrão de saudação polida ao encontrá-la era indagar se o seu marido já havia morrido."[48]

Para a maioria dos clientes, no entanto, ela oferecia resultados mais felizes e vendia poções do amor. Essas poções não eram, como se pode imaginar, feitas de açúcar, tempero e tudo o que há de bom, mas soluções de "ossos de sapo, dentes de toupeira, cantáridas (também conhecidas como moscas espanholas, um tipo de besouro verde-esmeralda), limalha de ferro, sangue e pó humano".[49] As pessoas fazem muita coisa por amor. Matam, inclusive.

Catherine descobriu que a corte francesa era cheia de gente que desejava matar o cônjuge para fugir com seu amante. E embora ela aparentasse ser devota e propensa a declarar que seus dons psíquicos foram concedidos por Deus, Catherine estava mais do que disposta a fornecer veneno e a realizar o que chamava de magia sombria para ajudar os clientes, sobretudo aristocratas dispostos a deixar uma vultosa soma de dinheiro na sua mão.

Uma das aristocratas que procurou Catherine foi a Madame de Montespan, amante de Luís XIV. Em 1677, ela a contratou para realizar uma "missa sombria" para o demônio, para garantir a conquista do amor de Luís XIV. Dizem que, em tais cerimônias, Montespan servia de "altar vivo" para o demônio e, ainda, que sangue de bebê (provavelmente de um aborto que Catherine fez) era derramado sobre ela. Não tem cara de que vá atrair o amor de ninguém, mas pela perspectiva de Madame de Montespan, a missa sombria foi um sucesso. Ela se tornou de fato a amante de Luís XIV (e tiveram sete filhos).

Madame de Montespan continuou a consultar Catherine buscando afrodisíacos para drogar o rei. Parece terrível, porém, mais uma vez tudo foi bem para Montespan, até 1679, quando o rei se cansou dela. Mais ou menos nessa época, ele começou a dormir com Marie Angélique de Scorailles, Duquesa de Fontanges.

Quando Montespan soube do relacionamento, decidiu matá-lo. Naturalmente, buscou o auxílio de Catherine, como havia feito no passado. Mas dessa vez, Catherine não foi tão bem-sucedida. Ela embebeu em veneno um panfleto que deveria ser entregue ao rei. Porém, havia uma multidão tentando uma audiência real no dia em que o papel deveria ser entregue, o panfleto nunca chegou a seu destino. Catherine resolveu tentar de novo.

Antes que concretizasse seu plano, as pessoas começaram a suspeitar que a cunhada do rei Luís tinha sido envenenada. Surpreendentemente, dessa vez Catherine não tinha nada a ver com o caso, mas o incidente levou a opinião pública a se voltar contra feiticeiras e envenenadoras.

A prisão de Catherine em dezembro de 1679 foi inevitável. Havia certa hesitação em prendê-la porque temiam que ela expusesse pessoas da nobreza. Mas, no julgamento, Catherine (que, pelo visto, estava muito bêbada nos interrogatórios) empreendeu a maior parte dos esforços a fim de difamar sua rival, Marie Bosse.

Catherine, com o tempo, confessou uma série de crimes e entregou vários cúmplices. Foi condenada por bruxaria e, em 22 de fevereiro de 1680, queimada em uma estaca. Estimava-se, então, que havia sido responsável pela morte de mais de mil pessoas.

O episódio foi abafado pelo rei Luís XIV, que não desejava ter sua decisão questionada, uma vez que sua amante havia sido exposta como a satanista que desejava assassiná-lo. Mesmo com a tentativa de envenenar o rei, Madame de Montespan ainda permaneceu na corte por um longo período de tempo.

Christiana Edmunds

assassinatos e chocolates envenenados

(1828–1907)

O caso de Madame Monvoisin continua uma das poucas vezes na história em que uma caça às bruxas envolvia uma bruxa mesmo. A ideia de uma coroca maligna envenenando moças com maçãs só funciona se a pessoa gostar de maçã. Nos anos de 1900, era preciso de algo bem mais tentador. Apresento Christiana Edmunds, a Assassina do Chocolate Cremoso.

Christiana foi uma das poucas envenenadoras que matou por amor, não dinheiro. Em 1871, essa mulher de Brighton, então com trinta e poucos anos, desenvolveu uma paixonite pelo seu médico, Charles Beard. Christiana tinha uma vida solitária cuidando da mãe idosa, e mandava muitas cartas para ele. O dr. Beard era muito bem casado e presumia que a afeição de Christiana era um desejo por amizade. Um dia, comentou: "Você deve ficar um pouco solitária nessa casa enorme. Gostaria que minha esposa e eu a visitássemos de vez em quando?".[50] Christiana respondeu que sim e o dr. Beard sugeriu: "Apareça uma tarde dessas lá em casa, surpreenda minha esposa e se apresente".

Aposto que o ato de gentileza fez o dr. Beard se sentir bem na hora, mas a sensação de recompensa não durou muito tempo.

Christiana foi mesmo visitar a sra. Beard. Pouco depois de ela sair, o dr. Beard chegou em casa e foi recebido pela esposa, indisposta e tremendo de medo. Ela disse ao marido que Christiana Edmunds tentou envenená-la: a mulher havia entregado a ela um chocolate com gosto tão estranho que não conseguiu engolir e cuspiu. O marido investigou a massa remanescente e descobriu que estava repleta de estricnina. Ele prontamente foi até Christiana para perguntar o que diabos ela estava fazendo e para informá-la de que iria à polícia. Christiana afirmou não fazer ideia de nada daquilo e que devia ter comprado um doce envenenado.

Essa, obviamente, era uma péssima desculpa. Mas funcionou. Dr. Beard concordou em não denunciar Christiana à polícia.

E ao longo da primavera e do verão de 1871, várias pessoas adoeceram *de verdade* por causa de doces comprados na Maynard's, a doceria local. "Um gosto metálico era o primeiro sinal de que havia algo errado, seguido pela queimação na garganta, vômitos e espasmos musculares".[51]

Então, em 12 de junho, um menino de 4 anos chamado Sidney Barker ganhou do tio um saco de doces da Maynard's. Ele comeu tudo e, em uma hora, estava convulsionando em agonia. Morreu antes que o médico chegasse.

A suspeita naturalmente recaiu sobre o proprietário da Maynard's, sobretudo por Christiana ter enviado cartas aconselhando as pessoas a tomarem medidas legais contra ele. Porém, por volta dessa época, a polícia notou que Christiana vinha comprando bastante estricnina, o mesmo veneno dos chocolates. Ela havia pedido, de modo um tanto estúpido, para entregarem o veneno em casa e assim foi identificada com facilidade.

A polícia logo deduziu que, naquela que deve ter sido a pior tentativa de disfarce do mundo, Christiana comprava chocolates, injetava veneno nos doces e os devolvia para a Maynard's. Ela esperava que, assim, mostraria ao dr. Beard que não havia tido a intenção de matar a esposa dele, e que essa prova faria os dois se apaixonarem e fugirem juntos.

Claro que não deu certo.

Algumas pessoas especularam que o dr. Beard e Christiana Edmunds *tinham* um caso, como se isso pudesse absolvê-la. Tendo a dar essa resposta a essa alegação: talvez tivessem mesmo um *affair*, mas muita gente tem casos extraconjugais e não matam ninguém. Além do mais, esse é um dos raros episódios da retórica "aquela moça era maluca" em que sou inclinada a concordar que ela era louca mesmo, já que envenenou uma criancinha com chocolates.

> **Ela disse ao marido que Christiana Edmunds tentou envená-la: a mulher havia entregado a ela um chocolate com gosto tão estranho que não conseguiu engolir e cuspiu.**

Em seu julgamento, em 1872, Edmunds foi considerada insana e assim escapou da execução. O veredito enfureceu alguns repórteres, como os do *Pall Mall Gazette*, que enfatizaram que o crime era monstruoso, que Christiana parecia saber muito bem o que estava fazendo quando o cometeu e que tinha fortes motivações. Suspeitavam de que "ela recebeu um indulto pela simples razão de ser mulher, não homem".[52]

Apesar das preocupações, Christiana foi enviada para o Asilo para Lunáticos de Broadmoor, onde permaneceu até a morte, em 1907. Ela continuou a professar seu amor pelo dr. Beard. Mas, vale lembrar, que ele nunca mandou chocolates para ela.

Tillie Klimek

vingança e envenenamento

(1876–1936)

A maneira mais fácil de adivinhar o futuro é criá-lo.

Ottilie (Tillie) Klimek entendeu logo esse conceito.

Tillie nasceu na Polônia, em 1876, e seus pais emigraram para Chicago quando tinha por volta de 1 ano de idade. Quando criança, se mostrou excelente cozinheira (especialmente de ensopados). Ela também afirmava ter dons psíquicos e certa habilidade para prever o futuro. A qualidade do ensopado era fácil de atestar. Os dons psíquicos, nem tanto.

Porém, era espantosa a precisão quanto às datas em que seus maridos morreriam.

Tillie se casou com o primeiro marido, John Mitkiewicz, em 1890, com apenas 14 anos. Em 1914, disse a uma amiga que havia tido um sonho em que previa a morte dele em determinada data. Cara Davidson, uma de suas biógrafas, escreve: "Quando John sentiu-se mal nesse exato dia e morreu mais tarde, naquela noite, a amiga ficou estupefata".[53] No entanto, Tillie trapaceou para prever a data: ela vinha misturando arsênico na comida dele.

Após se livrar do primeiro casamento e com mil dólares do dinheiro do seguro de vida no bolso, ela logo se casou com Joseph Rukowski. Assim como havia feito com o primeiro marido, ela previu o dia da morte dele, impressionando bastante os vizinhos. Dessa vez, ela não esperou vinte e cinco anos. Ele morreu em maio de 1914, e Tillie recebeu setecentos dólares da apólice do seguro de vida.

Perder um marido pode ser um infortúnio; já perder dois, passa a impressão de que você os está envenenando. O parceiro seguinte, Joseph Guszkowski, suspeitou dela. Quando Tillie não recebeu seu pedido de casamento, após um fim de semana romântico, disse a Joseph que já havia matado por menos. Ele ameaçou expor as "tendências arsênicas" dela,[54] e foi aí que ela fez previu a morte de Joseph. Você poderia pensar que, sabendo disso, ele conseguira se safar. Mas não. Sua morte se realizou, assim como as previsões anteriores dela.

Não demorou até Tillie se casar outra vez. Seu marido seguinte, Frank Kupczyk, era um entusiasta de sopa de legumes. Logo, ela começou a provocá-lo com previsões de sua morte. Até pediu a sua senhoria permissão para guardar no prédio um caixão de trinta dólares (uma pechincha!), explicando que seu marido não viveria muito mais. A essa altura, "centenas acreditavam que ela possuía poderes sobrenaturais",[55] o que é incrível, já que a explicação mais simples para o fato de a mulher prever a morte de quatro homens é que *ela os estaria envenenando*.

Tillie saiu desse casamento 675 dólares mais rica, mas com a comunidade cada vez mais avessa a encontrá-la, temendo receber a previsão de sua morte.

Ela conheceu o marido seguinte no funeral de Frank. Joseph Klime tinha 50 anos e afirmava que havia se casado "para ter uma casa".[56] Tillie lhe deu um teto, acompanhada das refeições que eram sua marca, polvilhadas com arsênico fornecido pela prima.

Joseph foi o primeiro a sobreviver à comida envenenada de Tillie, embora tenha ficado parcialmente paralisado. As pessoas não acharam tão suspeito que *ele* tivesse adoecido e quase morrido, mas ficaram intrigadas por seus dois cachorros terem adoecido ao mesmo tempo. A polícia investigou o caso. No curso da apuração, conversaram com uma balconista que disse que Tillie havia comprado havia pouco tempo um vestido de luto. "Quem morreu?", perguntou a vendedora. "Meu marido", respondeu a envenenadora. "Sinto muito", disse a balconista, "quando foi?" E ela: "Daqui a dez dias".[57]

A polícia interrogou Tillie e ela confessou ter envenenado a comida de Joseph, pois "ele andava de sem-vergonhice com outras mulheres e queria me livrar dele".[58] Inicialmente, ela insistiu que seus outros maridos haviam morrido de causas naturais, mas quando um deles foi exumado, descobriu-se que o corpo estava cheio de arsênico.

Um julgamento, com gigantesco destaque, logo teve início.

Considerando que essa mulher conseguiu se casar quatro vezes, a despeito de matar os maridos (ou, como diriam alguns, de "ter um gênio ruim"), é perdoável se você pensou que ela era uma gostosona. Não era. Pena, porque aposto que as coisas acabariam melhor para ela se fosse. Assassinas jovens e atraentes da Era do Jazz, do tipo que inspiraram o musical *Chicago*, eram quase sempre inocentadas, em parte porque os júris masculinos se encantavam por elas. Mas Tillie não era uma melindrosa de vinte e tantos anos que matou o marido em fúria enciumada. Ela já tinha 45 anos e era, como escreveu o repórter do *New York Daily News,* "grosseira, desinteressante e sem instrução".[59]

Sem conseguir a simpatia de nenhum jurado, foi condenada à prisão perpétua. Genevieve Forbes, do *Chicago Daily Tribune*, afirmou, em gracejo impressionantemente sexista, que "Tillie Klimek foi para a penitenciária porque nunca foi ao salão de beleza".[60]

Mas ser desinteressante não diminuiu sua possibilidade de se casar — repetidas vezes. Talvez o velho ditado seja verdade, e o caminho para o coração de um homem passe mesmo pelo estômago. Sobretudo se você quer que o coração dele pare de bater. Mas essa é uma previsão que qualquer pessoa aqui poderia ter feito.

DAILY CRIME

DAMAS MORTAIS

Envenenamento de maridos

Em 1851, a Câmara dos Lordes do Reino Unido tentou banir a compra de arsênico por mulheres, já que muitas delas usavam o produto para envenenar seus maridos.

De fato, era uma época assustadora para os homens da Inglaterra. Além de as mulheres exigirem melhores condições nos locais de trabalho e sugerirem que queriam votar, os homens também temiam que suas esposas os envenenassem, em grande parte por serem terríveis.

Na época, a mulher era considerada propriedade do homem e ele tinha o controle total de seus rendimentos, sua terra e seus filhos. Se o homem fosse abusivo, a mulher tinha pouquíssimos recursos e, se fugisse, teria de abdicar dos filhos e de todas as posses em favor dele. A viuvez era meio que o único modo de alcançar independência financeira e social.

E, então, veneno. As mulheres em geral não tinham força física suficiente para matar os maridos, mas com certa facilidade podiam colocar de fininho uma dose de arsênico na comida ou na bebida. Era quase indetectável e os sintomas, como diarreia ou vômito, eram similares a de incontáveis doenças comuns à época.[61] Se fosse descoberta, uma vez que a substância era branca e inodora, sempre se podia dizer que havia feito a tolice de confundi-la com sal ou açúcar.[62]

Entre 1834 e 1851, dezesseis inglesas foram culpadas por envenenarem membros da família com arsênico.[63] É bem verdade que não é um número *enorme*. Porém, apesar de que 90% dos homicídios conjugais eram cometidos por homens,[64] o conde de Carlisle ficou tão preocupado que inseriu uma cláusula na Lei Regulatória da Venda de Arsênico: "O arsênico não deve ser vendido a ninguém com exceção de homens adultos".[65] A Câmara dos Lordes de início aceitou a emenda, mas, em parte, graças à intervenção de John Stuart Mill, essa seção da lei foi derrubada. Os lojistas, no entanto, precisavam manter registro de quem havia comprado arsênico, onde morava e o propósito da compra.[66]

As precauções não foram de todo eficazes. Como mencionou o *British Journal of Haematology*: "Tais leis relativas à compra e venda de arsênico podem ter contribuído para reduzir assassinatos relacionados à substância, mas os crimes continuaram, como evidenciado pelas condenações de treze mulheres, no fim do século xx, que envenenaram os maridos pelo dinheiro do seguro na Filadélfia e na Califórnia".[67]

Damas Mortais
Jennifer Wright

3

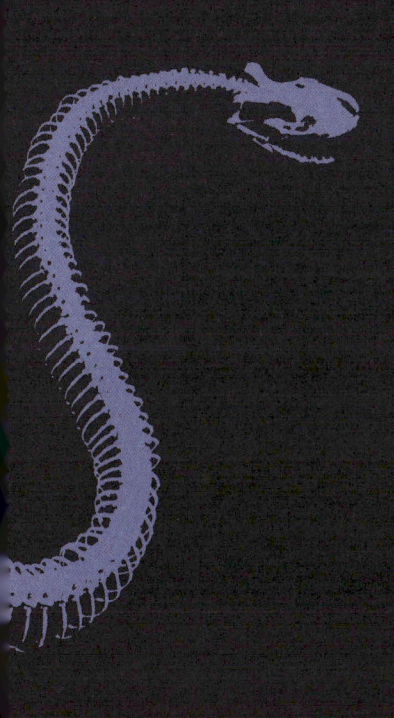

DE FAMÍLIA

A família que mata unida
não permanece unida.

Lizzie Borden
golpes brutais e um machado afiado
(1860–1927)

Quando meu marido e eu pensamos em filhos, conversamos sobre as piores situações possíveis. Ele: "Podem ser muito doentes". Eu: "Poderiam assassinar a gente, seus próprios pais, que nem a Lizzie Borden". Ainda acho que minha hipótese é a pior, tão apocalipticamente terrível que, mesmo cem anos depois, o fascínio pelo caso dos Borden perdura. Lizzie inspirou programas de televisão, musicais e até uma cantiga infantil. Esta:

> *Lizzie Borden took an ax,*
> *and gave her mother forty whacks.*

When she saw what she had done,
she gave her father forty-one.[68]*

O número não é preciso. O pai de Lizzie Borden recebeu apenas onze machadadas e a madrasta, dezoito.

Fora isso, a cantiga resume bem o fato.

Em 1892, Lizzie Borden supostamente assassinou seus pais com um machado. Foi surpreendente não apenas pela violência envolvida, mas porque a família era abastada e respeitada. Embora considerados um pouco excêntricos — o pai era tão avarento que se recusava a pagar por água encanada ou eletricidade, em uma época em que a maioria dos estadunidenses já tinha essas conveniências —, no geral, eram vistos como escrupulosos e distintos. As filhas dos Borden, Lizzie e Emma, a mais velha, frequentavam a igreja local e faziam caridade.

Foi um choque quando, em 4 de agosto de 1892, Lizzie com bastante tranquilidade contou à Bridget, a criada da família, que havia encontrado o corpo do pai golpeado brutalmente até a morte na sala de visitas. O corpo de Abby, a madrasta, foi encontrado no andar de cima, no quarto de hóspedes.

Uma abundância de evidências indicava que Lizzie era a culpada: não escondia o ódio pela madrasta; falhou em contar uma versão consistente quando perguntada de seu paradeiro no momento do crime; na semana anterior, a sra. Borden havia se consultado com o médico da família porque, com crise de mal-estar, suspeitava de que alguém na casa estava tentando envená-la; viram Lizzie tentando comprar ácido prússico no dia anterior aos assassinatos — ela foi expulsa da loja e logo depois seus pais morreram. A defesa apontou que ela não estava coberta de sangue quando relatou o assassinato, embora estivesse em casa e teria como se limpar e trocar de roupa antes de chamar Bridget.

---

* Tradução livre da cantiga: Lizzie Borden pegou o machado / Deu na mãe quarenta golpes / Quando viu o que tinha feito / Deu no pai quarenta e um. [NT]

Entretanto, dias depois, ela queimou um vestido que afirmou estar manchado de tinta, o que era (e ainda é) um modo inusitado de descartar roupa. Uma machadinha foi encontrada no porão dos Borden sem o cabo, possivelmente para esconder que estaria sujo de sangue.

Se você tem filhos, pode se perguntar como evitar ser morto por um deles. Uma boa resposta é empenhar alguma energia para se dar bem com eles. Alguns biógrafos modernos suspeitam de que Lizzie pode ter sofrido abuso dos pais, algo que teria sido abafado na época. Há até suspeitas de que ela teria sido vítima de incesto.

Lizzie era uma mulher de 32 anos de idade que ainda morava com os pais, pessoas com quem não se entendia e, por isso, pode ter visto o assassinato como o único modo de conquistar sua independência.

Ela foi o caso clássico de alguém que deixou de ser condenado à morte por ser mulher, abastada e que *performava* feminilidade. No julgamento preliminar, seu advogado, Andrew J. Jennings, implorou ao juiz: "Não ponha o estigma da culpa nesta mulher, tendo sido criada como foi e com caráter irrepreensível até aqui". O júri pareceu concordar. No julgamento, foi afirmado repetidas vezes que uma mulher requintada como Lizzie — voluntária da igreja! — não seria capaz de cometer qualquer homicídio, muito menos um assassinato a machadadas. Aos olhos do júri, ela não *parecia* uma assassina. Apesar das evidências contra Lizzie, ela não foi apenas inocentada como o veredito foi dado em 35 minutos. Após ter se livrado da condenação, o *Boston Globe* alegremente relatou que "Lizzie Borden viveria e seria amada, salvo qualquer acidente moral, por muitos anos".[69]

Bom, mais ou menos.

Apesar do veredito de inocência, o estigma que Jennings previu na corte perdurou. As pessoas até concordaram em libertá-la, mas não queriam conviver com Lizzie depois disso. Em 1913, o *Pennsylvania Standard* relatou que ela levou uma vida reclusa, apenas com os criados e a irmã como companhia. E até mesmo Emma se mudou por volta de 1905, afirmando, com certo mistério: "Não parti até as condições se tornarem absolutamente insuportáveis",[70] fazendo de Lizzie "a mulher livre mais isolada da Nova Inglaterra".[71] Dito isso, ela viveu em uma casa muito adorável, com instalação de água encanada e, talvez de forma sensata, sob o ponto de vista dela, nunca teve filhos.

Leonarda Cianciulli

canibalismo e decapitação

(1894–1970)

Ser mãe *não é fácil*. Ou melhor, ser uma "boa mãe" não é fácil, ainda mais porque o conceito pode variar muito. Talvez você defenda só alimentar os filhos com comida orgânica. Ou não os deixar passar muito tempo com dispositivos eletrônicos. Ou, se você for Leonarda Cianciulli, ache que deveria cometer sacrifício humano para protegê-los.

Viu? Varia muito, depende da pessoa.

Na juventude de Leonarda, uma vidente profetizou que a vida dela seria infeliz e que "vai se casar e ter filhos, mas eles vão morrer". E também afirmou que "uma das mãos me diz que você vai acabar na cadeia. A outra, em um asilo para criminosos... será um ou o outro".[72] A vidente estava correta. Ao longo do casamento, Leonarda teve três abortos e deu à luz catorze crianças, mas dez morreram antes de chegar à idade adulta.

Na aurora da Segunda Guerra Mundial, seu filho mais velho, Giuseppe, se uniu ao exército italiano. Leonarda não podia suportar a ideia de perder outro rebento. Como muitas mães na guerra, procurou desesperadamente por uma maneira de protegê-lo. Diferente das outras, se voltou para o que o *Baltimore Sun* chamou de "cerimônia que remonta às das bruxas na Idade das Trevas".[73]

Ela acreditava que, para poupar seu filho, precisaria sacrificar outra vida. Mas, para garantir, Leonarda sacrificou três. Parece um ligeiro excesso de entusiasmo, mas até aí, nunca participei de nenhuma cerimônia de sacrifício humano para poder opinar.

As três vítimas de Leonarda — Faustina Setti, Francesca Soavi e Virginia Cacioppo — estavam todas na luta, emocional ou financeira, e em busca de oportunidades. Faustina era uma solteirona solitária; Francesca procurava trabalho; Virginia, ex-cantora de ópera, desejava voltar ao mundo da música. Leonarda convidou cada uma delas para ir a sua casa, uma por vez. Ela afirmou ter encontrado um marido para Faustina; uma vaga de professora em escola feminina para Francesca; e trabalho como secretária para um empresário teatral para Virginia. Por acaso, todas as oportunidades eram em outra cidade, e elas precisariam se mudar. Leonarda as incentivou a escrever cartões-postais para os amigos, contando que estavam de partida. Então, ofereceu uma bebida batizada para brindarem à boa sorte, pegou um machado e as matou. Pelo menos no primeiro caso, ela quase decapitou a mulher com um só golpe.

É legal pensar que essas mulheres, pelo menos, estavam felizes e esperançosas em seus últimos momentos, porque o que veio depois foi realmente abominável.

Leonarda cortou os corpos decapitados e os colocou na panela com soda fervente. Ela descobriu que o processo produzia uma substância cerosa que podia ser transformada em velas. Ao inserir um pavio, declarou: "Deus misericordioso, que chama soberba!".[74]

E o sangue? Virou ingrediente para biscoito. Ela recordava da receita com orgulho, afirmando que "misturava sangue humano com chocolate e adicionava um requintado condimento feito de tangerina, baunilha anisada e canela. Às vezes, eu punha uma pitada de farinha de osso humano".[75] Leonarda revelou que distribuiu a iguaria aos vizinhos, mas que sua família e ela também gostavam dos quitutes.

A terceira das vítimas, Virginia Cacioppo, teve destino ainda mais aterrorizante. Leonarda relembra que "A carne dela era gorda e branca; quando derreteu, acrescentei uma garrafa de colônia e, depois de um bom tempo fervendo, consegui fazer um sabonete cremoso bem decente. Dei as barras aos vizinhos e conhecidos. Mas os bolos ficaram ainda melhores: aquela mulher era muito doce, mesmo".[76]

Taí um elogio que ninguém ia gostar de receber.

Foi a irmã de Virginia quem encorajou a polícia a investigar Leonarda. Ela confessou os crimes quase imediatamente, talvez esperando apresentar uma boa razão para os sacrifícios humanos. Mas é claro que não foram nada compreensivos. Assim como todo mundo, os policiais ficaram espantados por uma conhecida senhora de meia-idade cometer tais crimes. Por que Leonarda achou que esses assassinatos protegeriam seu filho? — se perguntaram.

Porque, e não tenho como enfatizar o suficiente, *ela era louca*, talvez desequilibrada pelo luto em uma época em que quase nenhuma ajuda psicológica era oferecida às mães de coração partido.

Giuseppe sobreviveu à guerra, mas teve de se apresentar ao julgamento da mãe por homicídio, em 1946. Ela não parecia nada incomodada com os crimes, e os confessou com muita tranquilidade.

Leonarda foi condenada a trinta anos de prisão e três anos de internação em sanatório penal, assim como havia previsto a vidente na juventude. Deus queira que não tenham colocado ela para trabalhar na cozinha.

Christine
(1905–1937)
& Léa Papin
(1911–2001)

tortura e brutalidade

Se você tem alguma fantasia estilo *Downtown Abbey* de como seria maravilhoso ser cuidado por leais criados, as irmãs Papin estão aqui para acabar com isso. Assim como acabaram com sua patroa.

Christine e Lea eram filhas de um casamento conturbado. Enquanto eram crianças, foram criadas em Le Mans, na França, por tias e tios e, depois, enviadas para um orfanato católico. Eram muito ligadas e ficaram inconsoláveis quando foram separadas. Assim que começaram a trabalhar, escolheram ser criadas da mesma família para poderem ficar juntas de novo.

Em 1926, pareciam ter encontrado um emprego tolerável com a família Lancelin. Ganhavam trezentos francos por mês e "conseguiram juntar 23 mil francos".[77] Dizia-se que eram criadas excelentes, tão boas que os vizinhos dos Lancelin se referiam a elas como o "par de pérolas" e eram vistas como "modelos de devoção e moral".[78]

> **Em defesa, elas arrancaram os olhos de Madame Lancelin, bem como os da filha. Então, com uma panela de estanho, moeram as cabeças das duas mortas na pancada e, depois, retalharam os corpos.**

Infelizmente, Madame Lancelin sofria de transtornos mentais. Tinha rompantes violentos e abusava das irmãs. Entre outras coisas, todo dia punha luvas brancas e corria a mão pelas superfícies. Se encontrasse poeira, esbofeteava as meninas. Léa recordou que apanhou por derramar água na mesa enquanto regava as plantas.

A tensão entre as garotas e a patroa aumentou. Em fevereiro de 1933, quando Christine tinha 28 anos e Lea, 22, a casa ficou sem energia elétrica. As irmãs explicaram que a causa foi Christine ligar um ferro de passar defeituoso. Madame Lancelin partiu para cima da dupla. Em defesa, elas arrancaram os olhos de Madame Lancelin, bem como os da filha. Então, com uma panela de estanho, moeram as cabeças das duas mortas na pancada e, depois, retalharam os corpos.

Limparam as facas e tudo o mais, mas deixaram um globo ocular rolar para o primeiro andar.

Quando o Sr. Lancelin chegou em casa, encontrou a porta trancada. Após bater por um tempo, chamou a polícia para ajudá-lo a entrar. Ao arrombar a porta, a polícia encontrou sangue, miolos e o globo ocular. Christine e Léa estavam calmas: "Estávamos esperando vocês".[79]

Alguns intelectuais franceses, incluindo Jean Genet e Simone de Beauvoir, sentiram que a rápida transformação das irmãs Papin era resultado natural de um sistema burguês projetado para explorar mulheres e pobres. Observando o julgamento, Beauvoir especulou que "o responsável foi o orfanato para onde foram levadas, o modo como foram desaleitadas, todo o sistema hediondo projetado pelas assim chamadas 'pessoas de bem' e que produz insanos, assassinos e monstros. O horror da máquina de moer da sociedade só poderia ser exposto por um horror correspondente e exemplar".[80] Havia uma tendência a idolatrar Christine e Léa e a declarar que tinham desferido os golpes em prol das classes oprimidas de toda parte.

Mas as irmãs Papin não pareciam ter qualquer intenção política, ou pelo menos não fizeram esforço algum por esse argumento no tribunal. É verdade que, com frequência, criados eram tratados de forma terrível, mas as irmãs não pareciam odiar a *ideia* de servidão tanto quanto odiavam sua empregadora em particular.

Embora a promotoria tenha alegado que eram insanas, durante boa parte do julgamento elas pareciam entediadas, até cochilaram em alguns momentos. Uma das poucas vezes em que Léa se inflamou foi quando o promotor acusou Christine de dizer a ela para arrancar os olhos de Madame Lancelin: "Sua irmã obedeceu, como sempre fazia". Diante disso, Léa gritou: "Sim!".[81]

Agir como se fosse a pupila disposta ou a criada da irmã mais velha foi suficiente para garantir que Léa escapasse da pena de morte. Ela foi condenada a dez anos de prisão. Christine foi considerada a mentora intelectual dos crimes e condenada à morte na guilhotina. Essa sentença acabou alterada para prisão perpétua, mas era irrelevante. Christine ficou tão consternada por ter sido separada da irmã — a única família e amiga de verdade que possuía — que parou de se alimentar até morrer de inanição na cadeia.

Léa foi libertada da prisão em 1941.

E voltou a trabalhar como criada.

Susan Atkins

assassinato e sangue-frio

(1948–2009)

Muitos adolescentes odeiam seus pais e não querem mais morar na mesma casa que eles. Nesse sentido, Susan Atkins não era diferente.

Ela nasceu em família de classe média e parece ter tido infância relativamente feliz. Como Lizzie Borden, frequentava a igreja da região (o que diz menos que "mulheres que fazem trabalho voluntário na igreja são assassinas em potencial" e mais que "mulheres respeitáveis foram limitadas historicamente em termos de atividades de lazer"). Quando Susan tinha 15 anos, sua mãe morreu de câncer. Pouco antes de ela falecer, Susan salutarmente providenciou que o grupo da igreja interpretasse canções de Natal debaixo de sua janela.

Foi um ato encantador e muito bem-visto por todos. Um acontecimento bastante lembrado em seu julgamento, em parte porque foi, talvez, um dos últimos atos encantadores e socialmente decentes com os quais Susan se envolveu.

Assim que a mãe morreu, a situação dela desandou rápido. Seu pai, beberrão contumaz, abandonou os filhos para buscar trabalho. Eles eram jogados de lá para cá entre os parentes. Susan logo largou a escola e se mudou para São Francisco, onde trabalhou dançando seminua.

Em 1967, ela conheceu Charlie Manson em uma festa em casa, ele estava tocando violão. Manson afirmou que "Susan se apresentou, dizendo o quanto gostava da minha música... alguns minutos depois, estávamos no quarto dela, fazendo amor... quando terminamos, ela estava mole feito uma boneca de pano, sussurrando, 'Charlie, Charlie, Charlie, ah, meu Deus'". Ela talvez tenha dito isso de forma literal, uma vez que mais tarde comparou Charles Manson a sua versão de Jesus, afirmando que poucos momentos depois de o conhecer "eu me abaixei e beijei seus pés".[82]

Logo depois da festa, ela se mudou com ele para o sul da Califórnia, tornando-se parte da "Família" Manson, que incluía outros jovens desafeiçoados. A Família se estabeleceu no Rancho Cinematográfico Spahn, onde filmavam faroestes. Charlie rebatizou Susan como "Sadie Mae Glutz". Em 1968, ela deu à luz um filho que Charlie não assumiu, mas foi convencida por ele a chamar a criança de Zezozose Zadfrack Glutz.

Adoraria dizer que dar um nome desses a uma criança foi a coisa mais cruel que Susan fez, mas é claro que não foi.

Em pouco tempo, as atividades no rancho tiveram uma reviravolta aterrorizante. O dinheiro estava acabando e a venda de drogas em que os membros da Família Manson se envolviam não rendia mais o bastante para sustentar a comunidade. Charlie Manson ouviu dizer que um amigo, Gary Hinman, havia recebido uma herança. Ele mandou Susan e dois seguidores roubarem o dinheiro. No processo, Gary foi morto.

Foi desastroso, mas Charlie decidiu dar início a uma guerra racial, e matar pessoas brancas proeminentes e tentar culpar pessoas negras. Ele supostamente havia se inspirado no Álbum Branco dos Beatles, que apresentava a personagem "Sexy Sadie" e que Charlie imaginou ser referência a Sadie Mae Glutz, que, vale lembrar, nem era o nome verdadeiro de Susan.

A Família Manson acreditava que os Beatles se comunicavam diretamente com eles. Outra canção particularmente inspiradora foi "Helter Skelter", porque fala de modo um tanto direto de um brinquedo de parque de diversões. É uma das canções mais incensuráveis do Beatles, bem mais próxima na temática de "I Wanna Hold Your Hand" do que, por exemplo, de "Lucy in the Sky with Diamonds". Mas até aí, homens brancos barbados conseguem enxergar o que lhes interessa em praticamente qualquer música.

Então, em 8 de agosto de 1969, Susan e quatro outros devotos de Manson foram até a casa de Sharon Tate, estrela de cinema, em Hollywood Hills, para assassiná-la. De acordo com Susan, Charlie disse para "pintarem o quadro mais abominável que alguém já viu".[83] Eles mataram cinco pessoas na casa e o filho não nascido de Sharon Tate sufocou até a morte dentro do útero. Depois de terminarem, fizeram uns lanches e escreveram "morte a todos os porcos", "helter skelter"* e "Rebele-se" na porta da frente.

Surpreendentemente, Susan poderia ter se safado do crime, mas, ao ser presa pela morte de Hinman, gabou-se na cadeia de que havia assassinado Sharon Tate. Chegou ao ponto de afirmar que provou o sangue de Tate e usou-o para escrever "porcos" na porta da frente da casa.

No julgamento, Susan apareceu infantilizada. Os repórteres observaram que ela descreveu os crimes "com a casualidade de uma criança recitando o que havia feito na escola naquele dia". O promotor chegou ao ponto de prometer sorvete em troca de seu depoimento.[84] Ela deu descrições detalhadas de como assassinou as vítimas. Quando Sharon Tate implorou por sua vida e a do filho ainda por nascer, ela declarou: "Mulher, não terei misericórdia por você".[85]

O impacto foi horripilante. Anos depois, Debra Tate, irmã de Sharon, leria uma carta do pai delas, que dizia: "Me sentei no tribunal com um júri e assisti. Vi uma jovem que dava risinhos, ria entredentes e berrava insultos. Mesmo enquanto testemunhava sobre o último suspiro de minha filha, ela riu".[86] Ao receber a sentença, ela zombou da corte, dizendo: "É bom vocês trancarem as portas e ficarem de olho em seus filhos".[87]

A corte negou a Susan que pudesse ficar de olho no dela. Seu filho foi legalmente adotado em 1972.

---

* A expressão, que dá nome a um tipo de tobogã (descrito na canção e citado pela autora), também é usada para descrever uma situação caótica. Os assassinos, na verdade erraram a grafia e escreveram "Healter Skelter". [NT]

DAILY CRIME

DAMAS MORTAIS

Quando alguém pensa em líderes de seitas, provavelmente imagina homens barbados vestidos em túnicas brancas com manchas estranhas, recendendo a patchouli e oportunismo suado.

Pois tenho boas novas, companheiras! Estamos atravessando o teto de vidro direto para os céus repletos de cometas, porque mulheres também podem liderar seitas. Conheça estas três mulheres, grandes exemplos de horrorosas dinâmicas familiares.

Mulheres líderes de seitas

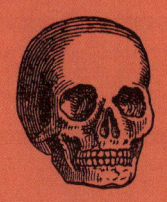

Anne Hamilton-Byrne

(1921-2019)

Dos anos 1960 aos anos 1980, a australiana Anne Hamilton-Byrne, professora de ioga, liderou a seita A Família. É um nome simpático, exceto que boa parte dos filhos d'A Família foram "adquiridos" em adoções irregulares. Quando os membros da seita não estavam roubando crianças, eram encorajados a "entregar os próprios filhos a Hamilton-Byrne e a 'tias', para serem criados como parte da assim chamada raça superior".[88] As crianças eram mantidas em isolamento e educadas em casa, submetidas a espancamentos e jejuns, vestiam roupas parecidas, tinham os cabelos uniformemente tingidos de loiro e recebiam medicamentos psiquiátricos com regularidade. Como era de se esperar, a seita não deu origem a nenhuma raça superior, mas causou um bocado de trauma infantil.

DAILY CRIME

DAMAS MORTAIS

Silvia Meraz
(n.1968)

Silvia era líder da seita da Santa Muerte,[89] um encantador grupo que ajudava os pobres e distribuía abraços grátis. Rá! Não. É claro que os membros de uma seita chamada Santa Muerte matariam pessoas. A primeira vítima foi uma mulher de 55 anos. As duas seguintes, meninos de 10 anos. Silvia e seus oito seguidores espalharam o sangue das vítimas no altar, na esperança de que trouxesse riqueza. Em vez disso, trouxe a polícia estadual do México para prendê-los. Silvia recebeu sentença de prisão perpétua.

Valentina de Andrade
(n. 1931))

Valentina era a mente por trás da seita do Lineamento Superior Universal, no Brasil. Ela pedia cautela na convivência com crianças, pregando: "Cuidado com as crianças, elas são instrumentos inconscientes da grande fraude chamada Deus e de seus colaboradores malignos...". Ao que parece, um E.T. disse a Valentina que qualquer pessoa nascida depois de 1981 era um instrumento do mal e, assim, o passo seguinte foi encorajar os seguidores a abandonarem essas crianças. Eles não apenas as desertaram como supostamente chegaram a matar dezenove crianças entre 1989 e 1993. As mortes jamais teriam sido descobertas se Wandiclei Pinheiro, de 9 anos, não tivesse fugido dos captores e procurado a polícia.[90] Embora a maioria dos seguidores de Valentina tenha recebido sentenças de prisão perpétua por seus crimes, o júri a considerou inocente, uma vez que ela, em pessoa, não havia cometido os assassinatos.[91] Ela ainda prega na Argentina,* o que é aterrorizante. Mas, para ser justa, nasci em 1986, então posso estar sendo tendenciosa.

* Ao que tudo indica, hoje ela mora em Londrina e estaria sob cuidados médicos. [Nota da Edição, daqui em diante NE.]

Damas Mortais
Jennifer Wright

4

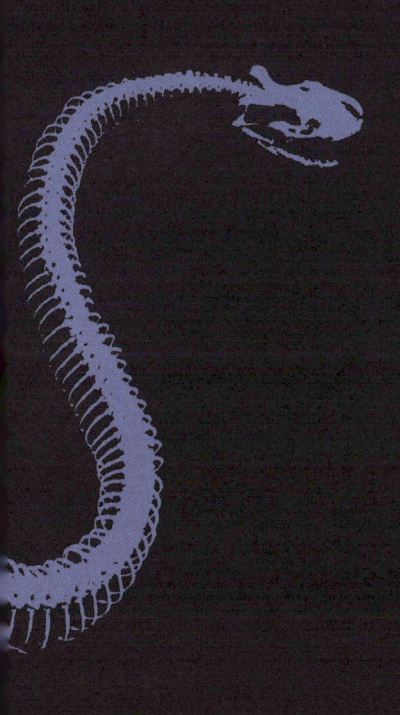

VIÚVAS CRUÉIS

Favor considerar o desquite antes
de matar seu consorte.

Marie Lafarge

envenenamento e assassinato

(1816–1852)

Tudo que Marie-Fortunée Capelle precisava era arranjar um bom partido e se casar.

À primeira vista, não parecia tão difícil: alta e esguia, com belos cabelos pretos e uma perolada pele branca, e era estudada. Diziam ser descendente do rei Luís XIII da França; a avó era a baronesa Collard; o pai, cabo no exército de Napoleão.

Tinha, portanto, um pedigree glamoroso, mas o dinheiro vinha escoando pouco a pouco ao longo das gerações. Seus pais morreram quando Marie tinha 18 anos. Coube, então, a seus abastados tios ajudá-la a encontrar um casamento adequado.

Eis que surge Charles Lafarge. Ele tinha 28 anos, não muito mais velho do que Marie, agora com 22. Infelizmente, vinha de classe social inferior e seus galanteios "eram expressos de forma que chocavam o refinamento dela",[92] mas ele compensava suas deficiências com a fortuna. O *Washington Post* relatou que "a corte de Lafarge durou apenas cinco dias, breve período no qual descreveu as belezas de sua mansão no interior de forma tão sedutora que cativou o coração e a imaginação da noiva".[93] Marie precisava ser pragmática, afinal, era órfã com renda limitada. Em 1840, havia pouca opção para uma mulher ganhar dinheiro. Casar-se com um rico moderadamente repulsivo, por mais deprimente que pareça, pode ter sido a melhor opção disponível. Como muitas outras mulheres, ela aproveitou a oportunidade que apareceu.

> **Casar-se com um rico moderadamente repulsivo, por mais deprimente que pareça, pode ter sido a melhor opção disponível.**

O único problema era que Charles mentiu. Ele não passava nem perto de ser rico como havia tentado aparentar. Ao que parece, pensando que seu futuro poderia melhorar com uma esposa bem-nascida, recrutou pessoas em sua cidade natal (incluindo o sacerdote) para atestarem sua riqueza por cartas. Na verdade, ele morava em uma casa bem comum e decrépita. Quando Marie chegou, descobriu que deveria compartilhá-la com a sogra e os ratos.

Ao perceber que tinha sido enganada, Marie ficou horrorizada. Ela tentou se desembaraçar do casamento do modo mais polido possível, com a mesma desculpa que várias mulheres têm usado para desencorajar os homens há séculos: afirmou que tinha outro namorado. Ela escreveu: "Peço seu perdão de joelhos. Eu o enganei de forma perversa. Não amo você e sim a outro". Vale notar que era, como Marie depois admitiu, a mais absoluta inverdade. Após tentar esclarecer que o problema não era ele, mas sim ela, Marie disse que devolveria seus pertences, prometendo que tomaria seu rumo, "ganhando a vida com seus próprios expedientes".[94]

Ela também afirmou que, se não fosse liberada do casamento, tomaria arsênico.

Lafarge recusou a anulação. E por mais que estivesse verdadeiramente tentada, Marie decidiu não tomar arsênico.

Ela esperou alguns meses. Foi polida. Parecia até amorosa no trato com o marido. Encorajou-o a ir para Paris: "Vá sozinho, querido Charles, e farei tudo que estiver ao meu alcance para ajudá-lo, com cartas de apresentação para velhos amigos de negócios de minha família".[95] Antes da partida, ela declarou que mudara o testamento para garantir que ele recebesse sua herança integralmente. Tocado, ele concordou em fazer o mesmo.

Enquanto Lafarge estava fora, Marie mandou-lhe um bolo, como uma esposa diligente.

Charles ficou extremamente doente. Ele imaginou que o bolo pudesse estar estragado — como era de se imaginar quando não se suspeita de que a esposa quer deliberadamente envenenar você — e voltou para casa. Ainda assim, continuou doente, mesmo com Marie ao lado dele na cama de convalescença. Quando ele reclamou da comida, afirmando que "queimava feito fogo",[96] ela explicou que devia ser porque ele ainda estava tomando vinho, a despeito da enfermidade.

Familiares de Charles começaram a suspeitar, sobretudo porque Marie havia comprado arsênico do boticário e os sintomas dele eram muito similares aos de envenenamento. Sua mãe e sua irmã tentaram impedir Marie de cuidar dele e imploraram para que não comesse nem bebesse nada oferecido por ela. Não tiveram sucesso. Quando tentaram contar as suspeitas aos médicos, foram abertamente ignoradas ou ouviram que não havia muito que pudessem fazer.

Charles morreu pouco depois.

Um juiz de paz foi chamado. O estômago do corpo de Charles foi retirado para exames e encontraram a presença de arsênico.

Em circunstâncias diferentes, a esposa seria considerada culpada razoavelmente rápido. Mas no julgamento, Marie brilhou como só uma mulher treinada desde o berço para ser bela e encantadora conseguiria. Os jornais se entusiasmavam com "a excelência ao piano, a voz agradável, a competência em mais de uma ciência, a leitura e a tradução de Goethe, a fluência em diversas línguas e a composição de versos italianos".[97] Nenhuma dessas qualidades tinha nada a ver com alguém ser ou não assassino, mas os jurados não deram a mínima. O advogado de Marie, Charles Lachaud, que dizem ter sido apaixonado por ela, com certeza não deu. Ou pelo menos ficou feliz em fazer vista grossa.

Lachaud argumentou apaixonadamente que o exame que encontrou arsênico no estômago de Charlie era inconclusivo. De fato, um segundo exame não encontrou evidências do veneno. A resposta de Marie foi "juntar as mãos, erguer os olhos aos céus e desmaiar".[98]

À luz dos resultados conflitantes dos testes, o corpo de Charles Lafarge precisou de exames posteriores. Quando os peritos se prepararam para exumar o corpo, descobriram que já estava tão decomposto que precisaram de uma colher para, com cuidado, erguer algumas partes. Um especialista realizou o teste Marsh, exame toxicológico que avalia a presença de arsênico, e descobriu que o corpo de Charles estava saturado da substância.

A essa altura, embora tenham se passado apenas nove meses, "o cabelo de Marie estava matizado de branco".[99] Dada sua aparência estressada, o júri ficou, talvez, menos encantado. Levaram uma hora para considerá-la culpada. Ela foi condenada a uma vida de trabalhos forçados na prisão, mas a pena foi rapidamente reduzida a mera prisão perpétua. Lá, escreveu suas memórias. Em 1852, acometida por tuberculose, foi libertada por Napoleão III e passou o breve resto da vida em Ariège. Depois de ganhar a vida com seus próprios expedientes, tanto quanto era possível para uma mulher em meados de 1800, com sorte ela encontrou uma casa com menos ratos.

Mary Elizabeth Wilson

bondade e veneno

(1889–1963)

Mary Elizabeth Wilson era *divertida*. Amava rir, amava transar. Gostava de beber, de comer e de se divertir.

E também adorava envenenar seus maridos.

Não todos! Seu primeiro casamento durou admiráveis 43 anos. Eles se conheceram quando Mary era criada da família Knowles. Ela se casou com John, o filho deles, que trabalhava no estaleiro. O casal teve seis filhos. Mas, em pouco tempo, começaram a discutir por causa de dinheiro. Mary sentia que John estava cortando o barato dela, dizendo que "não gostava que eu bebesse, o que causou problemas".[100] Para grande decepção de Mary, em pouco tempo já estavam dormindo em quartos separados.

A fim de abrandar as preocupações financeiras, admitiram um inquilino, o limpador de chaminés chamado John Russell. Não demorou muito para que ele e Mary se tornassem amantes. O caso durou 25 anos, mesmo depois de Russell ter saído da casa (e surpreendentemente ter se tornado muito religioso), e Mary continuou a cozinhar suas refeições, limpar sua casa e, é claro, a dormir com ele.

Em setembro de 1956, os dois se casaram e, menos de duas semanas depois, ele estava morto.

Isso parece ter ocupado bastante tempo de Mary e pode não ter sido totalmente satisfatório para John Knowles, que faleceu de tuberculose em 1955. Apesar de Mary ter cuidado *exclusivamente* dele nas duas semanas que precederam sua morte, John deixou seu dinheiro para a igreja evangélica de Jarrow. Tudo que Mary herdou foram 42 libras, que encontrou em um armário. Ela prontamente foi morar com seu "homem chique",[101] John Russell, mas ele morreu, repleto de dívidas, quatro meses depois.

Se qualquer um deles tivesse deixado um pouco mais de dinheiro para Mary, as coisas poderiam ter sido melhores para todo mundo.

Da forma como as coisas se deram, Mary foi forçada a trabalhar de empregada doméstica. Ela encontrou emprego na casa de Oliver Leonard, de 75 anos. Segundo a maioria dos relatos, Mary era uma péssima empregada. A casa de Oliver era cheia de teias de aranha. Mas ela possuía outras qualidades. Em setembro de 1956, os dois se casaram e, menos de duas semanas depois, ele estava morto.

Oliver deixou para Mary tudo o que tinha — ao todo, 50 libras. Esse dinheiro durou cerca de um ano (e estou pasma por ter durado tanto) e, nessa mesma época, ela respondeu ao anúncio de Ernest Wilson, em busca de uma empregada. Mas ele falou que preferia ter uma esposa a uma empregada, e Mary concordou, mas disse que só ia se casar porque estava devendo aluguéis. Caso esteja se perguntando como essa mulher de 62 anos continuava atraindo pretendentes, ela casualmente gracejou: "Os homens gostam de Mary e eu gosto dos homens".[102]

Ela também gostava de matá-los. De fato, em seu quarto casamento, Mary já estava achando hilária a ideia de assassinar. Em seu casamento, um amigo perguntou o que faria com os sanduíches e bolos que sobrassem. "Guarde para o funeral",[103] respondeu ela. Ernest riu junto de todos os outros. Quinze dias depois, estava morto.

No cartório, onde assinou as certidões tanto de casamento quanto de óbito, Mary brincou que frequentava tanto aquele lugar que "deviam me dar um desconto".[104]

Na autópsia de Ernest, fósforo e farelo — ingredientes de veneno para matar baratas — foram encontrados nas vísceras. Diante da descoberta, as pessoas notaram que os sintomas da breve doença de Leonard Oliver haviam sido *muito similares* aos de Ernest Wilson.

Quando a polícia exumou os corpos, Mary parecia impassível, afirmando que "não dei nada a eles além de bondade".[105] Bondade e veneno.

Seu advogado apresentou alegações razoavelmente críveis de que Wilson e Oliver estariam tomando fósforo como afrodisíaco com a intenção de apimentar o casamento. Mas, no fim das contas, foi descartado quando ficou claro que os dois homens precisariam ter tomado 150 pílulas afrodisíacas para se matarem — erro improvável, mesmo que estivessem desesperados para acompanhar o ritmo de Mary.

O promotor declarou que era um simples caso de "uma perversa que se casou sucessivamente com dois homens e, então, os envenenou a fim de obter o irrisório benefício que esperava conseguir com as mortes".[106]

É surpreendente que Mary não tenha obtido mais benefícios financeiros. Mas até aí, se ela não tivesse sido detida, quem sabe quantas vezes mais ela repetiria o crime? Uma centena de libras a cada duas semanas poderiam gerar um bom montante.

Mary foi condenada à morte, mas no fim recebeu um indulto para prisão perpétua. Por outro lado, para uma mulher com tamanho fervor pela vida — e por companhia masculina —, passar o resto dos dias na prisão feminina pode ter sido um destino pior que a morte.

Linda Calvey

assassinato e casamentos

(1948–)

As revistas femininas gostam de publicar listas do que os homens não gostam que as mulheres façam. Talvez você fique aliviada ao saber que o item "matar homens" realmente não parece ser muito broxante. É só olhar para a sorte que Linda Calvey teve no amor apesar de, como observou um policial, todos os homens com quem esteve acabarem mortos ou na cadeia.

Linda veio de família de classe média de East London. Tinha objetivos grandiosos e, aos 12 anos de idade, disse aos parentes: "Um dia vou ter um Rolls Royce e um casaco de pele".[107]

Aos 19 anos, apaixonou-se por Mickey Calvey, o que para alguns parecia uma bela "cilada" e outros veriam como "um bom e honesto ladrão de bancos".

"Eu me casei com um ladrão de bancos aos 22 anos porque estava apaixonada", afirmou Linda. "Soube que Mickey Calvey era assaltante no dia em que o conheci, em sua festa de boas-vindas após sair da prisão. Fui lá sabendo de tudo".[108] De fato, ela pareceu abraçar a vida de crimes, ajudando Mickey como motorista de fuga e, mais tarde, empunhando uma arma ao seu lado.

Então, Mickey morreu baleado, em 1978.

Ela concordou, mas só porque pensou: "com sorte, mato ele do coração".

Apesar de obterem um milhão de libras com os assaltos, Linda teve problemas financeiros depois da morte de Mickey. Situação de alguma forma atenuada por seu amante, Ronnie Cook. Lúgubre e controlador, Ronnie não era tão divertido quanto Mickey. Linda mais tarde falou a um repórter: "Mickey era extravagante, extrovertido, esperto, um homem do mundo. Ronnie era quieto, se vestia com roupas sóbrias. Tinha a reputação de durão e ninguém mexia com ele".[109] Não parecia ser um parceiro muito agradável.

Linda talvez não tenha se lamentado quando Ronnie foi preso em 1981 pelo roubo de 800 libras de uma van de seguros. Mesmo na prisão, ele continuou controlador, ditando até mesmo as roupas sensuais que ela deveria usar nas visitas — a lingerie sob o casaco de pele (e ela conseguiu o tal casaco de pele, afinal de contas). Ela concordou, mas só porque pensou: "com sorte, mato ele do coração".[110]

Não matou. Mas com o que houve em seguida, talvez ele desejasse o contrário.

Em 1990, Ronnie saiu da prisão. Linda já tinha um novo parceiro, "outro presidiário, um tipo forte e bem-apessoado".[111] Seu nome era Danny Reece. O casal acreditava, provavelmente com razão, que Ronnie não veria o romance com bons olhos. Linda supostamente ofereceu a Danny 10 mil libras para assassinar Ronnie. Danny estava, ao menos em teoria, disposto. Porém, entrou em pânico no último minuto: "Apontei a arma, mas no último instante atirei para o lado, e acertei o cotovelo dele. Ele caiu para trás. Apontei de novo, mas congelei. Eu nunca tinha matado antes". Afoito, disse que naquela hora "[Linda] gritou 'abaixa', aí apontou a arma e atirou na cabeça de Ronnie".[112]

Linda passou a vida negando esse relato, mas foi condenada a dezoito anos de prisão. O que não pareceu diminuir o ardor de Danny Reece, nem o de Linda: "Quando fui condenada, segurei forte na mão de Danny enquanto nos conduziram para as celas. Levaram Danny para um lado e eu para outro".[113] Os dois se casaram enquanto Linda estava presa, mas o matrimônio acabou em divórcio. Reece mais tarde foi acusado de estuprar um companheiro de prisão, em 2011.

Após a soltura, ela encontrou outro amor. Seu terceiro marido, George Caesar, não estava envolvido com o crime, mas não parecia incomodado pela má reputação de Linda. Quando um repórter perguntou se ao menos considerava um acordo pré-nupcial antes de se casarem, em 2008, respondeu: "Você não pode entrar em um casamento pensando desse jeito. Tem que confiar. A vida é uma aposta, mas se você perde a confiança, o que mais resta? Então tá, ela pode me matar. Bom, dane-se, vou arriscar".[114]

Depois disso, George faleceu, mas, até onde se sabe, de causas naturais.

DAILY CRIME

DAMAS MORTAIS

Para obter o divórcio

Não dê bola para quem reclama dos índices contemporâneos de divórcios. Sim, um casamento desfeito é triste para todos os envolvidos, mas o lado bom é que hoje é relativamente fácil se divorciar. Porque quando duas pessoas são forçadas a continuar juntas na infelicidade, a situação é quase sempre desastrosa, ou até mesmo fatal.

Os dogmas religiosos que impediram o rei Henrique VIII da Inglaterra de se divorciar da primeira esposa, Catarina de Aragão, e se casar com Ana Bolena, o fizeram romper com a

Igreja Católica e fundar a Igreja Anglicana, o que resultou em perseguição aos católicos (e depois aos protestantes) por décadas. E a possibilidade do divórcio não aumentou. Na Inglaterra, o divórcio era quase impossível de se obter antes da Lei de Causas Matrimoniais, de 1857. Os custos eram tão proibitivos que apenas cerca de dez divórcios eram concedidos por ano.[115]

Uma mulher estaria encurralada. Como escreveu a honorável sra. Norton, em 1855, "A esposa inglesa não pode deixar a casa do marido. Ele não apenas pode processá-la pela 'restituição de direitos conjugais', como tem o direito de entrar na casa de qualquer amigo ou pessoa de suas relações em que ela tenha procurado refúgio e que esteja a 'ocultando' — esse é o termo — e levá-la de lá à força, com ou sem auxílio da polícia".[116]

Em *Tempos Difíceis*, de Charles Dickens, publicado em 1854, um personagem reclama de que deseja muito escapar de seu casamento infeliz. Procura um amigo para perguntar se há algum modo de obter o divórcio, ainda mais por ter lido que "a suposta impossibilidade de algum dia se verem desacorrentados um do outro, por qualquer preço, sob quaisquer condições, derrama sangue sobre esta terra e leva muitos casados, gente comum, a se enfrentar, se matar e à morte súbita". O impacto desses abusos recaía nas mulheres. Em 1828, após a Lei das Ofensas Contra a Pessoa ser aprovada no Reino Unido, "os tribunais de magistrados foram lotados por esposas que sofriam abusos".[117]

Quando não há saída da situação abusiva ou infeliz, há quem recorra ao assassinato. E considerando os resultados, as atuais brigas por quem vai ficar com a porcelana do casamento são bem mais razoáveis.

Damas Mortais
Jennifer Wright

5

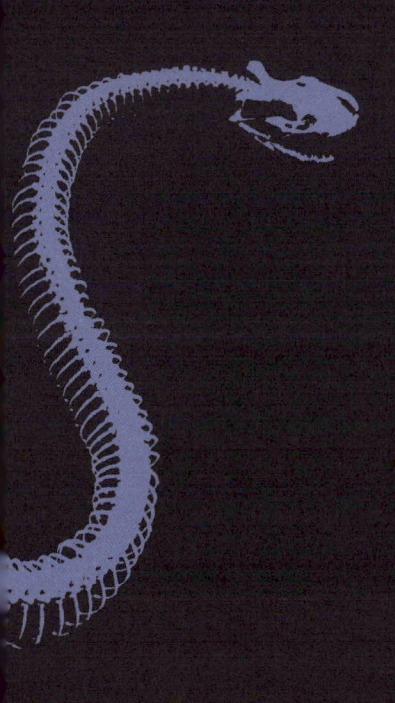

HUMILHADAS

Nem no inferno há tal fúria.

Darya Saltykova

tortura e escravização

(1730–1801)

O que significa lidar bem com um rompimento? Dar ao ex um adeus afetuoso e desejar melhor sorte na próxima? Não tem muita gente que consegue esse nível de civilidade. É quase impossível fingir que um fim de relacionamento é impessoal, quando é uma das coisas *mais* pessoais que alguém pode viver. Não é surpresa que as pessoas não lidem bem com a situação.

É um alívio, porém, que a maioria não lide com a situação como Darya Saltykova.

Darya parece ter nascido com todas as bênçãos da Rússia do século XVIII: família abastada e se casou com um homem ainda mais rico. Tinha 25 anos quando ele morreu e, de repente, era senhora de enormes propriedades russas e centenas de servos.

Escravizar pessoas, perdão, "possuir servos", é bem ruim, não importa o período — pelo menos para os servos.

Porém, ser viúva jovem era uma sina imensamente desejada por muitas mulheres abastadas da História. Significava independência financeira e a garantia de liberdade para ter casos românticos e escolher o próximo marido por amor.

Darya abraçou a autonomia. No casamento, era conhecida por ser devota e introvertida. Na viuvez, ela se transformou. Embarcou no romance com um homem extremamente belo chamado Nikolay Tyutchev.

Pensando no bem geral, é uma pena que não tenha dado certo.

O caso durou até Darya fazer 32 anos. Quando terminou, ela descobriu que seu amante pretendia se casar com outra mulher, bem mais jovem. Darya ficou apoplética de raiva. Ela literalmente queria que o casal explodisse, pela quantidade de pólvora que mandou os servos levarem até a casa da mulher. Os serviçais optaram por não levar — provavelmente porque uma explosão era loucura demais —, então Darya mandou surrarem o casal até a morte. Por não ser *menos* louco, contaram para Nikolay as intenções de Darya. Ele deu queixa na polícia, e Darya negou tudo taxativamente. Então, ele e sua nova mulher fugiram.

Ele tinha opções. Os servos não.

Darya sempre foi severa, mesmo para os padrões da época. De acordo com Tori Telfer, de *Lady Killers: Assassinas em Série*, "Darya botou fogo no cabelo de uma mulher e empurrou uma menina de 11 anos de uma escada de pedra... Usava as toras de madeira — escondidas estrategicamente em todos os cômodos da propriedade para abastecer as lareiras — como porretes improvisados". Quando os servos escaparam e tentaram denunciá-la às autoridades, respondeu rindo: "Não importa o quanto você me denuncie ou se queixe, as autoridades não farão nada contra mim". [118] Seus horríveis abusos se agravaram após o término da relação amorosa, mas a bem da verdade sempre foram horríveis. Mesmo antes de seu romance, os servos eram surrados até a morte, amarrados fora da casa e largados sem comida, sempre que a limpeza da casa não agradava a Darya.

De seus 600 servos, ela assassinou 138. [119]

Os crimes de Darya foram levados ao conhecimento da imperatriz Catarina, a Grande, em 1762, por dois servos, Yermolay Ilyn e Savely Martynov. Eles escaparam da propriedade depois de Darya matar suas esposas.

Conseguiram chegar até Moscou ilegalmente; se tivessem sido capturados, Darya mataria ambos sem hesitar. Contrariando as possibilidades assombrosamente improváveis, conseguiram levar uma carta à Imperatriz, detalhando os abusos de sua senhora. E imploraram a imperatriz "para protegê-los da ruína mortal e do implacável tormento desumano".[120]

Catarina estava ávida para ser vista como progressista e, por isso, não rejeitou de saída as reclamações dos servos como seus antecessores teriam feito. Em vez disso, o investigador Stephen Volkov foi designado para averiguar o caso. Por ser de família pobre, ele talvez tivesse mais simpatia pelos servos do que pela aristocracia. E decerto encontrou evidências suficientes para que Saltykova fosse à julgamento.

Foi ao tribunal e, surpreendentemente a se considerar suas conexões aristocráticas, saiu de lá culpada.

Embora a pena de morte já tivesse sido revogada, Darya foi obrigada a usar uma placa no pescoço, em praça pública, que declarava "Esta mulher torturou e matou".[121] Mas em uma época em que a crueldade contra servos era tão comum, boa parte dos membros da classe aristocrática de Darya deram de ombros.

Darya, então, foi enviada para viver no porão de um convento, onde passou o resto de seus dias em isolamento. Membros das classes altas passavam por lá de tempos em tempos para encará-la e zombá-la por entre as barras da cela. Embora sua vida tenha sido torturante, ainda foi mais agradável do que os tormentos que infligiu aos servos.

Seus crimes foram tão notórios na memória russa que Tolstói os mencionou ao dissertar sobre seu livro *Guerra e Paz*: "Sei quais são as características da época que as pessoas não encontram em meu romance: os horrores da servidão, o emparedamento de esposas, o açoitamento de filhos crescidos, Saltykova, e por aí vai".[122]

Então, se você se pergunta por que o povo da Rússia se insurgiu contra as elites, lembre-se de Darya Saltykova.

Laura Fair

assassinato e tendências suicidas

(1837–1919)

Há vários ditados um tanto antiquados que aconselham as jovens a serem cautelosas com as promessas masculinas, porém, há poucos ditados aconselhando os jovens a não descumprirem as promessas. Mesmo assim, pouca gente acha que as mulheres seriam capazes de atirar em um mentiroso. Mas elas se esquecem de Laura Fair.

Laura tinha uma vida conturbada muito antes de matar alguém. Nasceu na pobreza no Alabama, em 1837. Quando tinha 16 anos, sua família se mudou para New Orleans, onde encontrou um marido rico. De acordo com o *Elk County Advocate*: "Laura tinha 18 anos e ele 80. Seu ciúme senil logo a levou ao remédio do divórcio"[123] Convenientemente, ele morreu antes que a separação pudesse ser concluída.

Laura estava livre para se casar outra vez e ela casou. Mas o matrimônio se mostrou novamente infeliz. Seu segundo marido era um abusador. Quão abusivo? Bom, a ideia dele de diversão era ficar bêbado e atirar com a pistola acima da cabeça de Laura. Como ela não queria morrer em uma brincadeira de Guilherme Tell, o que a gente entende, Laura pediu o divórcio e se mudou para a Califórnia. Lá, em 1859, conheceu aquele que viria a ser seu terceiro marido, William Fair — 37 anos, advogado respeitável formado em West Point.[*] Laura tinha todos os motivos para acreditar que, enfim, tinha encontrado um homem estável de idade compatível, com quem poderia sossegar.

A percepção foi passageira. William era um golpista que mentiu quanto a seu treinamento militar. Logo depois do casamento, ele cometeu suicídio ou foi baleado por um sócio (os dois estavam sozinhos na sala e tudo que se sabe é que William Fair foi baleado). Ele a deixou com uma filha, Lillias, e várias dívidas.

Outra vez viúva aos 25 anos, Laura se mudou para Virginia City, em Nevada, para abrir uma pensão. Era muito competente e os negócios iam bem. Enfim, a sorte parecia ter virado para ela e a filha! E aqui termina sua história, apenas alguns contratempos românticos seguidos de uma carreira como sensata mulher de negócios, levando boa vida.

Não. É claro que não.

Então, ela conheceu Alexander Parker Crittenden.

Advogado de 47 anos, Alexander inicialmente disse a Laura que era viúvo, o que pode ter criado uma conexão entre os dois, afinal, Laura estava bastante familiarizada com a dor (ou pelo menos com a surpresa) da perda de um cônjuge. Exceto que, no caso de Alexander, a esposa Clara estava bem viva, com seus oito filhos.

Quando Laura descobriu a tramoia, Crittenden prometeu que pediria o divórcio — em seis meses, no máximo.

[*] Academia de educação militar. [NT]

As mulheres ouvem esse papinho de homens casados desde o início dos tempos.

Sete anos depois, ficou claro para Laura que Alexander não tinha qualquer intenção de deixar a esposa. A essa altura, Laura tinha tendências suicidas e tomava grandes quantidades de sedativos. Ela se casou outra vez por um breve período, com Jesse Snyder, mas em três meses o casamento havia acabado. Crittenden ajudou-a no processo de divórcio, mas continuou sem demonstrar qualquer interesse em pedir o seu.

Então, Laura atirou nele.

Quão abusivo? Bom, a ideia dele de diversão era ficar bêbado e atirar com a pistola acima da cabeça de Laura.

✂ - - - - - - - - - - - -

Após outra das frequentes discordâncias sobre o divórcio, Crittenden se encontrou com a esposa e o filho, para uma viagem de férias. O advogado se juntou a eles na balsa El Capitan, com destino a São Francisco. Laura também havia embarcado. O filho de Crittenden, Parker, afirmou que tinha "notado uma mulher de preto, com véu pesado, que parecia vigiar os movimentos deles com atenção".[124] Ela avançou e atirou em Alexander.

Laura foi prontamente desarmada e presa. Crittenden morreu não muito depois e Laura foi a julgamento.

Embora tenha alegado insanidade temporária, os promotores tentaram pintar Laura como uma rameira tarada que, de modo intencional e arbitrário, levava os homens à ruína. Um afirmou que "seu poder era o de um Hércules feito mulher, transcendendo o poder de todos os homens do mundo".[125] Foi considerada culpada em 3 de junho de 1871 e condenada à forca — o que talvez seja compreensível, já que atirou em alguém na frente de um monte de testemunhas.

Porém, as defensoras dos direitos das mulheres estavam firmes ao lado de Laura. Elas viam Crittenden como um sedutor que a havia levado à loucura com as mentiras e a recusa ao casamento. Susan B. Anthony declarou: "Se os homens protegessem todas as mulheres como protegem suas esposas e filhas, Laura Fair não estaria na cadeia".[126] A jornalista Jane Swisshelm declarou no *New York Tribune* que "se esses mesmos homens fossem baleados amanhã... o mundo não perderia nada".[127]

Detalhe: esse homem foi baleado na frente da esposa e do filho pequeno (o que definitivamente é ruim!).

Embora seja ótimo ver mulheres apoiando umas às outras, esse foi um caso bem discutível, mesmo para os padrões contemporâneos. Porém, é significativo por mostrar a condição em que viviam as mulheres dos anos 1800, dada a rapidez com que jornais proeminentes aderiram ao "matem os homens com um *affair*".

Laura conseguiu um adiamento da execução e, por fim, teve direito a outro julgamento. Dessa vez, o resultado foi bem melhor para ela. Com o veredito de inocência, "mulheres choraram de alegria. Lenços foram balançados e chapéus lançados ao alto. Um grande número de espectadores correu até a srta. Harris a fim de parabenizá-la pela absolvição".[128]

Após o julgamento, Laura embarcou em uma turnê de palestras em que discutiu a necessidade de matar um homem que havia maculado sua honra. As pessoas na palestra, ao contrário daquelas no julgamento, não gostaram da abordagem, e sabe-se lá que turbas raivosas se juntavam nos corredores enquanto ela palestrava.

Os relatos sobre o que aconteceu com ela mais tarde são diversos. De acordo com o *Los Angeles Times*, Laura "se estabeleceu em uma casinha e se sustentou cantando em salões de baile em campos de mineração".[129] Outros afirmam que "por muitos anos após a absolvição, a sra. Fair ganhou a vida como agente literária em São Francisco".[130] Laura continuou a insistir que era apenas uma viúva e mãe respeitável, cuja confiança havia sido cruelmente traída.

Apesar de todos seus esforços, se Laura Fair hoje é lembrada por algo, é como um sinistro alerta aos homens. Não mintam para as mulheres. Ainda mais por sete anos.

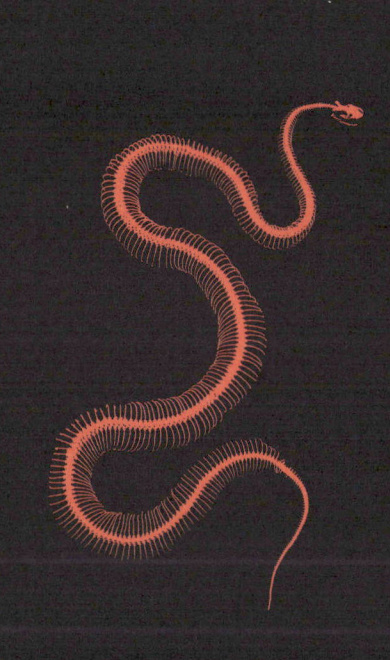

Maria Barbella

*estupro e
lâmina de barbear*

(1868–*após* 1902)

Quando mulheres discutem a violência sexual, sempre há alguém, geralmente homem, que sugere que deveríamos responder com violência física. Eles *realmente* acham que o problema se resolve com aulas de defesa pessoal ou com mulheres saindo por aí armadas até os dentes. Mas a possibilidade de você ser atacada e imediatamente reagir de forma eficaz com violência física, via de regra, é minúscula. A tendência é que os homens sejam mais fortes que as mulheres, e — mesmo em circunstâncias menos violentas — responder com um soco direto no queixo ao bizarro pedido do chefe para fazer massagem nas suas costas provavelmente resulte em demissão.

Porém, há mulheres que resolveram fazer justiça com as próprias mãos. Maria Barbella foi uma delas.

Maria era imigrante italiana. Sua família se mudou da pequena cidade de Ferrandina (sul da Itália) para Nova York em 1892, onde Maria encontrou trabalho de costureira. Aos 25 anos, ela teve o azar de encontrar o engraxate Domenico Caltado, da mesma região que ela da Itália. Ele enamorou-se de Maria e começou a acompanhá-la do trabalho para casa. Apesar da desaprovação da família, ele pediu a sua mão em casamento.

O terrível é que, para uma mulher na situação de Maria, a única opção "respeitável" era se casar com o estuprador.

✂ - - - - - - - - - - -

Certa noite, Maria aceitou o que ele afirmou ser refrigerante, mas era bebida batizada. Com ela quase inconsciente, Domenico a levou para um quarto de pensão e a estuprou. Quando a costureira acordou, ele deu os parabéns pela até então virgindade.

O terrível é que, para uma mulher na situação de Maria, a única opção "respeitável" era se casar com o estuprador. Foi o que ela fez. De fato, a família inteira implorou para que esse homem abominável, de quem nunca gostaram, se casasse com a filha.

Domenico tinha outra proposta: "Vou encontrar um jovem disposto a se casar com você. Vou dizer que é viúva e lhe comprar um vestido preto. Você se casa com ele porque eu quero. Daí eu te visito enquanto ele estiver no trabalho".[131]

Nojento.

Domenico, pelo visto, tinha a impressão extremamente incorreta de que Maria gostou de ter sido estuprada e queria reviver o momento. Ele não queria o matrimônio e a provocava dizendo que não se casaria com alguém parecido com um macaco. Quando Maria o confrontou no bar, onde ele jogava baralho e bebia com amigos, derrisório como sempre, Domenico gritou: "Só um porco ia se casar com você!".

Ela cortou a garganta dele com uma lâmina de barbear, no ato, diante de todos ali.

No julgamento, Maria explicou: "Eu não sabia o que estava fazendo. Estava louca de raiva por ele não querer se casar".[132]

Um aparte: ao longo do processo de escrita deste livro, passei muito tempo pensando em bons e maus motivos para um assassinato. Tenho grande dificuldade em pensar em alguém com justificativa melhor do que a mulher que matou seu estuprador depois de ele persistir em humilhá-la.

Então, é com tristeza que digo que o júri levou apenas 45 minutos para considerar Maria culpada. Ela foi uma das primeiras mulheres condenadas à cadeira elétrica.

A forma com que os júris tratavam as imigrantes de aparência normal era *bem* diferente de como lidavam com assassinas belas, abastadas e nativas.

Quando chegou à prisão de Sing Sing, ficou surpresa ao descobrir que tinha bem mais espaço na cela do que no cortiço onde morava.[133] Ela ficou muito amiga da esposa do diretor, a sra. Sage. Aprendeu inglês e tinha tempo para ler.

Feministas proeminentes como Elizabeth Cady Stanton e a condessa italiana Di Brazza, nascida nos Estados Unidos, fizeram campanha por um novo julgamento.[134] Tempo depois, Maria foi inocentada.

Porém, os jornais relataram que Maria, quando informada de que o veredito havia sido revertido, "não queria ir embora, pois não desejava deixar a sra. Sage"[135] (cortiços, caso esteja se perguntando, são muito, muito ruins, piores que Sing Sing).

Após a soltura, Maria retomou sua antiga vida como costureira. Em 1897, se casou com Francisco Bruno. Quisera eu que tivesse sido uma fonte de felicidade, mas como ela contou ao *New York Times*: "A família de minha mãe conhecia a família do sr. Bruno na Itália. Eu nunca o tinha visto até terça-feira e não queria me casar com ele... minha mãe disse que eu devo me casar".[136]

E, assim, Maria saiu de uma prisão para entrar em outra. Só espero que ela tenha conseguido encontrar alguma felicidade dentro de suas fronteiras.

DAILY CRIME

DAMAS MORTAIS

Para terminar a relação

Terminar um relacionamento, como diz a canção de Neil Sedaka, é sempre difícil. Como se não fossem suficientes as mudanças logísticas e práticas no cotidiano, um fim de relação também pode desencadear um caos mental.

Estudos afirmam que as pessoas, ao se apaixonarem, experimentam uma química cerebral similar à do uso de cocaína. Um novo amor aumenta os níveis das substâncias de "barato" no cérebro, como serotonina, norepinefrina e dopamina. Amar é viciante. E isso é fabuloso, mas apenas se continuar apaixonado para sempre.

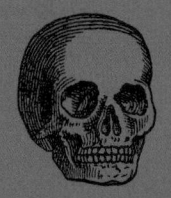

No entanto, as pessoas rompem. E quando acontece, é como passar por abstinência de cocaína.[137] Em um estudo de 2016 da *Case Western Reserve University,* mostraram fotos de ex-parceiros a pessoas que haviam passado por um rompimento indesejado há pouco. Se você acha que parece tortura, era mesmo. As partes do cérebro que se acendiam quando as fotos eram vistas durante exames de ressonância magnética eram as mesmas que se brilhavam quando as pessoas passavam por dor física.[138]

O humilhado pode recorrer a medidas desesperadas para ter acesso a sua "droga do amor" outra vez — como ligar para o ex no meio da noite implorando para ser aceito de volta. Ou, em casos *muito* extremos, assassinando o novo parceiro do ex.

Psicólogos sugerem que, embora não seja possível superar a dor da separação quando bem entender, pelo menos é possível se distrair e encontrar atividades que desencadeiam centros de prazer no cérebro. Criar vínculos com pessoas com quem se tem alguma afinidade. Evitar o ex por tempo indeterminado — o que inclui ignorar suas fotos nas redes sociais.[139]

E evite planos homicidas. Caso contrário, você não será apenas prisioneiro do amor, mas um prisioneiro na cadeia.

Damas Mortais
Jennifer Wright

6

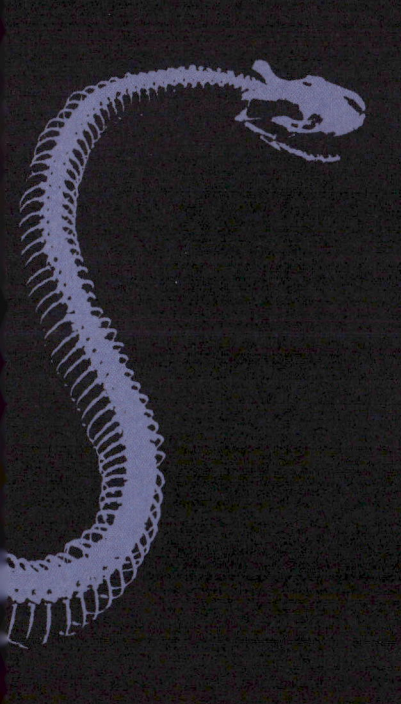

MERCENÁRIAS

O dinheiro determinava
tudo ao seu redor.

Grace O'Malley

roubos e práticas belicosas

(1530–1603)

Piratas não ligam muito para o gênero da pessoa se ela estiver disposta a saquear e matar. E por um tempo, Grace O'Malley foi a rainha deles.

Grace O'Malley é uma aproximação em inglês moderno de seu nome. Em irlandês, ela se chamava Gráinne Ní Mháille. Ela nasceu em um clã conhecido pela habilidade de navegação. Os bardos do século XIV cantavam "Nunca houve entre os O'Malleys um bom homem que não fosse marinheiro".[140] Desde a mais tenra idade, Grace amava o mar. A fim de acompanhar o pai nas viagens, picotou o cabelo para se disfarçar de menino. Não enganou a ninguém, mas ganhou o apelido "Grace Destemida".

Quando Grace tinha 19 anos, seu pai morreu e lhe deixou uma frota de navios.

Grace foi eficiente em fazer proveito deles.

A essa altura, ela estava casada com um mandachuva chamado Donal O'Flaherty. A família dele era tão belicosa e combativa que os O'Flaherty foram proibidos de entrar na cidade de Galway. Tanto que, acima do portão da cidade, havia uma placa em que se lia: "Dos ferozes O'Flaherty, que o bom Deus nos livre".[141] Grace atracou seus navios no porto de Galway e começou a cobrar pela "travessia segura" de quem desejasse entrar na cidade. Se não pagassem, Grace e seus camaradas marinheiros os roubavam. Um esquema muito parecido com o da máfia, e funcionou — pelo menos até o povo de Galway atacar o castelo onde ela vivia quando não estava embarcada. Ela ordenou que o teto do castelo fosse arrancado, derretido e derramado em cima dos invasores. O povo falava que Grace havia "excedido os limites da feminilidade",[142] mas tenho quase certeza de que Grace não ligava, porque andava ocupada demais roubando ou matando quem dizia coisas assim.

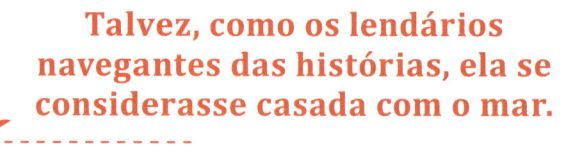

Talvez, como os lendários navegantes das histórias, ela se considerasse casada com o mar.

Após a morte do marido, ela amealhou um exército de piratas de mais de duzentos homens. Por volta de 1566, se casou outra vez, mas não abandonou nenhuma de suas práticas belicosas, nem as de navegante. O matrimônio não durou mais que um ano. O contrato de casamento estipulava que qualquer uma das partes poderia encerrá-lo após um ano dizendo "eu lhe dispenso".[143] Grace enunciou a frase quase que imediatamente. Talvez, como os lendários navegantes das histórias, ela se considerasse casada com o mar.

Uma das histórias mais famosas sobre ela vem desse casamento e envolve seu trabalho de parto, o dia do nascimento de seu filho Tiobóid. Ela estava a bordo do navio e, enquanto estava dando à luz, o navio foi atacado pelos argelinos. Ela se levantou da cama menos de uma hora depois de parir, com o recém-nascido no colo, e lutou para derrotá-los e tomar o navio deles.[144]

Os oficiais ingleses escreveram para a rainha Elizabeth I, informando que Grace era "um terror para todos os mercadores que navegavam pelo Atlântico".[145] Ou seja, ela era muito boa em seu trabalho. Em 1586, Grace foi capturada pelos ingleses e aprisionada no Castelo de Dublin. Ficou lá por dezoito meses antes de recuperar a liberdade. Como ela conseguiu ser libertada é incerto, mas gosto de pensar que talvez a rainha Elizabeth I tenha gostado de ver outra mulher excedendo alguns limites.

Essas duas mulheres, que se recusaram a ser dominadas, não viriam a se encontrar antes de 1593, quando os filhos de Grace foram capturados por sir Richard Bingham. Grace se encontrou com a rainha e concordou em não atacar a Coroa, desde que seus filhos fossem devolvidos e Richard Bingham demitido.

As duas cumpriram suas promessas.

Por um período muito breve.

No encontro, a rainha Elizabeth supostamente ofereceu a posição de condessa a Grace. Grace recusou, pois afinal "ela também era uma Rainha".[146]

E quem somos nós para dizer que não?

Katherine Ferrers

assaltos e violência

(1634–1660)

Se você viu o filme *A Favorita* (2018), sabe o quanto a vida de uma nobre do século XVII era apavorante e cheia de ciladas. Era responsabilidade da mulher dar um trato da casa, o gerenciamento dos servos e a criação das crianças. Poderia até se envolver no comando dos negócios da família ou do marido, mas tinha pouquíssimos direitos. Não podia votar, ser proprietária de terras ou mesmo denunciar abusos domésticos. Não havia segurança financeira. E as implicações sociais em sua reputação eram pesadíssimas.

Então, quem — além dos oficiais da lei, é claro — poderia culpar lady Katherine Ferrer por ter ficado tão farta das restrições e se tornado salteadora?

Katherine se casou aos 14 anos com o jovem Thomas Fanshawe. Ele era, de acordo com Samuel Pepys, "um trapaceiro, sem um tostão no bolso".[147] Fiel ao estilo pilantra, ele prontamente desapareceu após o casamento, levando a maior parte da herança de Katherine. Sua família já havia morrido e Katherine foi deixada por conta própria, apenas com a casa de campo e alguns servos. Ela estava entediada, sozinha e, segundo todos os relatos, era um pouco reclusa.

> **Katherine não foi a primeira garota de 18 anos a tomar parte de alguma ação imprudente para botar para quebrar.**

✂------------

Alguns anos depois, ela conheceu Ralph Chaplin, um vizinho que trabalhava na fazenda dele — pelo menos de dia; pois, ao cair da noite, ele saía por aí roubando. Katherine gostou desse lado *bad boy* e com certeza um dinheiro extra viria a calhar. Em pouco tempo, ela se juntou às suas cavalgadas noturnas, em uma versão século XVII de Bonnie e Clyde (curiosidade: Faye Dunaway, famosa pelo filme *Bonnie e Clyde*, também estrelou *A Perversa*, filme sobre Katherine Ferrers de 1983).

Bem, as lendas sobre Katherine são inconsistentes e, com certeza, exageradas. Mas são irresistíveis demais para não falarmos delas.

Era uma época de crimes abundantes. As mulheres mostraram-se perfeitamente capazes de comandar exércitos de navegantes piratas, então não parece absurdo que uma aristocrata bem-nascida, mas pobre, adotasse uma espécie de pirataria terrestre. E se parece moralmente errado saltear por aí, também parece muito libertador. Ela usava um uniforme! Talvez o mais importante: ela apavorava os homens, que historicamente haviam exercido controle de cada aspecto de sua existência! Katherine não foi a primeira garota de 18 anos a tomar parte de alguma ação imprudente para botar para quebrar.

Katherine ficava de tocaia em cima das árvores para pular na frente dos coches, de pistola em punho, exigindo o dinheiro dos passageiros. Diferente de outros salteadores, avessos a usar de violência e conhecidos por serem encantadores com algumas vítimas, Katherine e Ralph não hesitavam em atirar.[148] Essa assustadora parceria não durou muito. Chaplin foi executado após um roubo na estrada de Finchley Common.

Mas a morte dele não parou Katherine, cuja sede de sangue só parecia aumentar. Dizem que ela possuía uma sala secreta em Markyate Cell, sua casa senhorial, onde vestia o disfarce noturno. Esse parece o comportamento sensual e fabuloso de super-heroína, mas as ações de Katherine tomaram a direção de vilania. Começaram as histórias sobre uma "moça perversa" vestida com "chapéu de três pontas, máscara preta, manto de montaria preto, lenço de pescoço e culotes, montada em um cavalo preto com malhas brancas nas patas dianteiras".[149] Dizem que atirou em um policial na porta da casa dele. Também se fala que ela abateu gado e queimou casas enquanto as famílias dormiam.[150]

Seu reinado de terror terminou quando tentou roubar uma diligência perto de Gustard Wood. Ela atirou no cocheiro, mas não notou que havia um passageiro a bordo, que atirou nela. No entanto, Katherine não morreu no local e cavalgou de volta até sua casa. Lá, observou o *Steeple Times*, "dizem que foi descoberta pelos servos vestida em roupas masculinas e supostamente assombra a casa e os arredores da área até hoje".[151]

Quem passou pelas redondezas da casa afirma ter visto uma figura de chapéu de três pontas que desaparece na bruma quando é observada. Se Katherine virou um fantasma, não pode ser mais assustadora em sua forma atual do que era em vida. Mas se você passar por Markyate Cell, sugiro levar algumas moedas no bolso. Só para garantir.

Ching Shih

*ataques piratas e
comportamento ardiloso*

(1775–1844)

Ninguém esperava que Ching Shih enriquecesse, por conta de onde ela saiu. Mas isso não era problema dela.

Na juventude, Ching fora prostituta. Não se sabe se ela gostava do trabalho, mas era *boa* no que fazia. Se especializou em persuadir os clientes a contarem segredos, que mais tarde usava como instrumento de influência.[152] Ela chamou a atenção de Cheng I, líder do vasto exército pirata Bandeira Vermelha. Ele ordenou que ela fosse roubada do bordel e noivou com Ching, atraído ou por seus encantos ou por sua ardilosa disposição em adotar comportamentos traiçoeiros, como a chantagem.

É possível que Ching Shih não tenha ficado muito feliz com o encontro forçado, mas, de novo, ela se superou diante das circunstâncias. Exigiu "igualdade real" no casamento, ou seja, metade dos lucros do marido seriam dela.[153] Em poucos anos, a frota havia crescido de duzentos para seiscentos navios. Embora tenham começado com a Frota Vermelha, eles amealharam tantas novas embarcações que começaram a formar outras coalizões, conhecidas como as frotas Amarela, Preta, Azul, Branca e Verde.

Seis anos após o casamento, Cheng 1 morreu. Se Ching Shih fosse menos formidável, esse também poderia ter sido o fim de sua época como pirata.

> ## Exigiu "igualdade real" no casamento, ou seja, metade dos lucros do marido seriam dela.

Cheung Po Tsai, filho adotivo e amante de Cheng 1 (é o que acontece quando o casamento gay não é permitido), era o herdeiro presuntivo.[154] Ching Shih não se deixou abater e fez de Cheung o *seu* amante (e mais adiante marido) e tomou o controle da frota.

Após a morte de Cheng 1, os capitães dos navios se dispersaram. Quando assumiu o poder, Ching caçoou: "Sob a liderança de um homem, vocês todos escolheram fugir. Vamos ver se provam quem são nas mãos de uma mulher".[155]

Seu navio, suas regras. Por exemplo:

— *Nenhum pirata irá até a terra firme sem permissão. A punição para o primeiro delito é a perfuração das orelhas; a reincidência exigia a morte.*

— *Todos os bens saqueados deveriam ser registrados antes da distribuição. O navio responsável pela aquisição de um saque em específico recebia um quinto do valor; o restante entrava nos fundos gerais.*

— *O abuso de mulheres era proibido, embora fossem tomadas como mulheres escravizadas. Aquelas que não possuíam valor de resgate eram vendidas como esposas para os piratas, pelo equivalente a quarenta dólares cada.[156]*

Ching deixou bem claro que, embora os piratas pudessem tomar como esposas as mulheres capturadas, tinham de cuidar delas e serem fiéis. Quem fosse denunciado por estupro seria decapitado.

Embora suas regras denotassem uma simpatia admirável pelos camponeses e pelas mulheres, Ching Shih não era gentil. É louvável que punisse os estupradores, mas se uma prisioneira, de forma consensual, fizesse sexo com um pirata que não fosse seu marido, ela seria jogada da prancha com balas de canhão amarradas às pernas.[157] Outras penas por descumprir as regras incluíam esquartejamento e decapitação e, ainda, aqueles que não ouvissem as ordens de Ching Shih perdiam as orelhas.[158]

Lembrem-se, essas eram as punições para os *seguidores*. Quando se fala dos inimigos, Ching era chocantemente implacável e encorajava o mesmo comportamento em sua tripulação. Quando pilhavam cidades, Ching não apenas tolerava assassinatos como recompensava quem da tripulação voltasse com cabeças decepadas de aldeões.[159]

Muitas pessoas decidiram que era melhor se unir a Ching Shi do que enfrentá-la. No auge de seu poder, ela comandava entre 20 e 40 mil pessoas.

Por volta de 1809, seus ataques piratas tornaram-se tão ameaçadores que o governo chinês enviou "navios suicidas" para deter Ching Shih. Eles enchiam os navios com explosivos e os lançavam na direção das naus dela. Os piratas conseguiram desarmar os navios suicidas, consertá-los e incorporá-los à frota.[160]

O governo não foi capaz de matar Ching Shih, então negociou com ela. Quando ofereceram um pagamento para que cessasse as operações, ela pegou o dinheiro e abriu um cassino e um bordel. Passou o resto da vida em total tranquilidade e morreu de causas naturais aos 69 anos.

E ainda vêm me dizer que o crime não compensa.

Eleanor Dumont

jogos e suicídio

(1834–1879)

Se o ditado "sorte no jogo, azar no amor" foi criado para resumir a vida de alguém, poderia ser a de Eleanor Dumont.

Ninguém sabe onde ela nasceu, mas Eleanor é uma das figuras mais empolgantes do Velho Oeste. Seu sotaque francês sugeria uma cidade natal europeia ou New Orleans, ou apenas queria se destacar em localidades rústicas. Mas todos na São Francisco dos anos 1850 sabiam quem ela era.

Na época, ela era conhecida como Simone Jules. Como era a única crupiê mulher no cassino *Bella Union*, em um mundo dominado por homens, ela causou grande comoção (curiosidade: mulheres não tinham permissão para jogar em Las Vegas até 1971).[161] De acordo com um apostador: "Seja lá o que ela fizesse, ela mandava".[162] Em 1854, se mudou para Nevada com a intenção de abrir seu próprio cassino, chamado *Vingt-et-un*. Ela mudou seu nome para Eleanor Dumont, mas nos anos seguintes ficaria mais conhecida como Madame Bigode, em referência à felpa sobre seu lábio superior.

O Vingt-et-un era mais glamoroso do que qualquer coisa que a grande população masculina de mineradores na cidade de Nevada já tinha visto. Havia banda. Champanhe de graça para os jogadores. Aquele cassino era tão refinado que não era permitido praguejar lá dentro. Para pessoas acostumadas a trabalhar em condições difíceis, sujas e pesadas, o lugar parecia o paraíso. Todo ouro que aqueles homens fossem capazes de minerar, ficavam felizes em verter nas mesas da Madame.

> **Conhecida pelos modos elegantes, Eleanor também era causava medo. Quando viu um homem trapaceando no seu estabelecimento, bateu nele com o relho.**

Tudo estava indo bem. Os mineradores estavam se divertindo e Eleanor ganhando dinheiro. Mas se ela era sortuda no jogo, não era no amor. Tinha um amante, David Tobin, que a auxiliava na gerência da empreitada. Porém, negócios, negócios, prazeres à parte e, nesse caso, à parte mesmo. David se sentia frustrado por Eleanor só dar a ele 25% dos lucros do cassino.[163]

O casal se separou.

Eleanor decidiu que o jogo seria seu verdadeiro amor. Bom, o jogo e a bebida. Quando o dinheiro se esgotou em Nevada, ela se mudou de cidade em cidade, abrindo cassinos. Ao longo das viagens, conheceu algumas das lendárias figuras da época — dizem que, em Deadwood, ela ensinou a pioneira Calamity Jane a apostar.[164]

Conhecida pelos modos elegantes, Eleanor também era causava medo. Quando viu um homem trapaceando no seu estabelecimento, bateu nele com o relho. Outro homem que havia perdido todo seu dinheiro no cassino esbravejou que ela não vinha de uma refinada família francesa, mas do México, e ela instruiu os funcionários a jogá-lo através da porta de vidro (que ficaram bem felizes em arremessar a pessoa).[165] Ela também ficou conhecida pelas habilidades de tiro — alguns dizem que sua precisão era tamanha que "ela podia furar uma moeda à bala".[166]

Força de vontade e olhar afiado eram habilidades úteis. Uma vez, quando Eleanor foi assaltada por dois homens, ela pôs as mãos debaixo das saias, puxou a pistola de cano curto e atirou nos dois.[167]

Em 1872, ela se aposentou e comprou um rancho perto de Carson, Nevada. Lá, casou-se com Jack McKnight. O casamento se provaria seu maior erro. McKnight era um golpista que logo roubou as economias de Eleanor. Ela foi atrás dele e lhe deu um tiro com a espingarda de cano duplo. Nunca foi acusada pelo crime, embora tenha confessado mais tarde.[168] Porém, ela estava falida, com apenas algumas joias que seu marido havia deixado. Não era o bastante para se sustentar, então Eleanor vendeu o rancho onde esperava passar o resto da vida em paz e, mais uma vez, voltou ao jogo, esperando que as mesas lhe trouxessem a mesma paz do passado.

Não trouxeram.

Consternada após perder 300 dólares em uma única noite, ela foi para casa e se envenenou. Elegante até o fim, tomou o veneno com uma taça de champanhe.

Mesmo depois da morte, não foi esquecida. George A. Montrose, editor do *Bridgeport Chronicle Union*, escreveu na época de seu falecimento: "Dizem que das centenas de funerais realizados no campo de mineração, o de 'Madame Bigode' foi o maior. Os apostadores do lugar a enterraram com todas as honras, e carruagens foram trazidas de Carson City, Nevada, de mais de 190 quilômetros de distância, especialmente para o cortejo do funeral".[169]

No fim das contas, as cartas que recebeu — embora um pouco sanguinolentas — parecem ainda ter lhe dado alguma sorte.

Griselda Blanco
homicídios e tráfico
(1943–2012)

Cartéis de drogas não são conhecidos pela preocupação em ter oportunidades igualitárias. Mas Griselda Blanco, a "Madrinha da Cocaína", não se deixou abater.

Griselda, que se tornaria a traficante mais influente de Miami nos anos 1980, nasceu pobre na Colômbia, onde adotou a convicção de "matar ou morrer" muitíssimo cedo. Pense em você com 11 anos. Eu diria que essa é idade em que talvez você fosse fã de *Star Wars*, ou estivesse vivendo sua primeira paixonite, ou, pelo que vi nos filmes, fazendo amigos para andar de bicicleta na mata e lutar contra palhaços assassinos. Quando Griselda tinha 11 anos, ela sequestrou uma criança rica de 10 anos que vivia em um bairro luxuoso e, com a ajuda de outros menores de idade, manteve o menino em cativeiro. Como os pais dele não se prontificaram a pagar o resgate, os sequestradores deram uma arma a Griselda e duvidaram que ela atirasse no garoto sequestrado. Ela prontamente meteu uma bala na cabeça dele.[170]

Aos 13 anos, como sua carreira de sequestradora não era tão rentável quanto esperava, Griselda migrou para a prostituição. Conheceu Carlos Trujillo mais ou menos nessa época, um vigarista com quem teve três filhos. Eles se divorciaram por volta dos anos 1970. Porém, não ficaram assim tão distantes, e Griselda colocou a cabeça dele a prêmio após uma disputa por drogas.[171]

> **Ela começou, então, com roupas íntimas especiais, onde escondia cocaína para levar de avião aos Estados Unidos.**

Então, ela conheceu Alberto Bravo e sua carreira como traficante de drogas começou de verdade. Griselda estava mais do que disposta a ajudar Bravo. Ela começou, então, com roupas íntimas especiais, onde escondia cocaína para levar de avião aos Estados Unidos.

Com o tempo, ela se provou boa demais para Alberto Bravo, como havia acontecido com Carlos Trujillo. E da mesma forma, não houve rompimento amigável. Ela sentiu que Bravo havia administrado mal a operação de contrabando de cocaína e custado a ela milhões de dólares. Certa noite, Griselda o encontrou no estacionamento de uma boate em Bogotá. Os dois discutiram e, na sequência, ela puxou uma arma da bota e atirou. Ele reagiu com uma Uzi. Ela foi atingida no estômago, mas se recuperou. Seu marido, que havia sido baleado no rosto, morreu, assim como seis de seus guarda-costas.[172]

O incidente deixou bem claro que ninguém mexia com Griselda.

No fim dos anos 1970, ela se mudou para Miami, onde trabalhou para o cartel de Medelín, de Pablo Escobar. No auge dos negócios, ela importava 80 milhões de dólares em produtos por mês.

Era uma atividade em que a violência reinava. Mas nada disso parecia incomodar Griselda. Ela se superava nos aspectos violentos do tráfico, que levaram ao surgimento do termo "caubóis da cocaína". Foi pioneira nos assassinatos com motocicleta, em que os pistoleiros se emparelham aos carros, disparam contra o alvo e, então, aceleram. Era bastante eficaz — na maioria das vezes. Em 1982, um assassinato levou, acidentalmente, à morte uma criança de 2 anos. Griselda queria matar o pai do bebê porque certa vez ele havia chutado seu filho.[173] Mas a bala atingiu a criança.

Uma pessoa normal, suspeito, ficaria horrorizada com a tragédia. Griselda, não.

Jorge Ayala, o pistoleiro que mais tarde testemunhou contra Blanco, afirmou que "Primeiro, ela ficou com muita raiva porque erramos o pai. Mas quando soube que acertamos o filho sem querer, disse ter ficado feliz, agora estavam quites".[174] Mas, lembre-se: foi uma retaliação porque o pai da criança havia chutado o filho de Griselda, delito relativamente menor, então é uma noção bem grotesca de "quites".

Mas o reino de terror de Griselda não duraria para sempre. Griselda tinha inimigos demais. Em 1994, foi indiciada por três homicídios. Declarou-se culpada em troca da redução da pena. Deixou a prisão em 2004 e voltou à sua terra natal, onde, como era de se esperar, foi assassinada. Por matadores em motos. Billy Corben, diretor do documentário sobre Griselda, afirmou: "É o clássico viver pela espada, morrer pela espada. Ou, nesse caso, viver pelo assassinato de moto, morrer pelo assassinato de moto".[175]

Levando tudo em consideração, a morte dela provavelmente não merece mais compaixão do que a que ela dedicou às suas vítimas.

DAILY CRIME

DAMAS MORTAIS

Mulheres rumo à independência

Na maior parte da História, as regras do jogo foram desfavoráveis às mulheres que queriam ser independentes financeiramente. Sua avó talvez se lembre da época em que não era possível ter o próprio cartão de crédito.

A mulher que preferisse encher o seu cofre em vez do cofre do marido encarava obstáculos significativos.

3100 a.C.: As mulheres no antigo Egito têm o mesmo direito à propriedade que os homens. Aproveite esse momento — depois, é só ladeira abaixo.[176]

1100: A cobertura (*coverture*), a noção de que marido e esposa são um único indivíduo financeiramente, é decretada na Inglaterra. Mulheres casadas não podem mais possuir propriedades ou trabalhar por conta própria e o dinheiro vai para os maridos. Legalmente, a independência das mulheres casadas deixa de existir.[177]

1753: Mulheres na Rússia conquistam o direito de ter as economias separadas, permitindo que trabalhem sem entregar todos os rendimentos aos maridos.[178]

1848: A Lei da Propriedade de Mulheres Casadas é aprovada no estado de Nova York. Ela garantia que as mulheres tivessem acesso à propriedade obtida antes do casamento, com direito a alugá-las ou vendê-las.[179]

1880: Em Wall Street, Mary Gage abre a primeira bolsa de valores para mulheres.[180]

1881: Mulheres na França recebem permissão para abrir contas bancárias, independentes das dos homens.[181]

1963: A Lei da Igualdade de Pagamento é aprovada nos Estados Unidos, supostamente garantindo pagamento igualitário pelo trabalho, independentemente do gênero.[182]

1974: Até 1974, as mulheres nos Estados Unidos não podiam ter cartão de crédito ou conta bancária sem a permissão de um parente homem, em princípio porque contrairiam dívidas gigantescas com chapéus e gatinhos. A Lei da Igualdade da Oportunidade de Crédito tornou ilegal a recusa de cartões de crédito a mulheres.[183, 184]

1978: A Lei da Discriminação à Gravidez é aprovada nos Estados Unidos, impedindo as empresas de demitir mulheres que engravidassem.[185]

Damas Mortais
Jennifer Wright

7

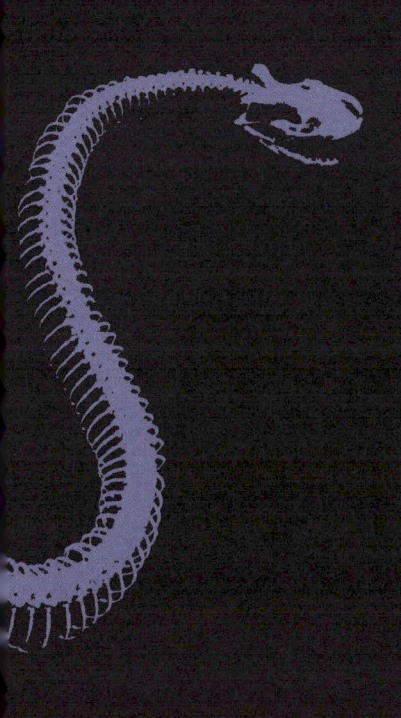

RAINHAS

"O mundo seria tão mais gentil
se fosse regido por mulheres."
— Um Homem Que Nunca Leu
Um Livro de História

Tômiris, Rainha de Masságetas

sacrifício humano e canibalismo

(*circa* 600 a.C.)

Tômiris não estava destinada a ser branda e terna. Sua tribo seminômade, os masságetas, era conhecida pelas práticas de sacrifício humano e canibalismo, entre outras. Heródoto, o antigo historiador grego, escreveu que "A vida humana não chega ao encerramento natural entre esse povo; pois quando um homem se torna bastante velho, todos os seus conterrâneos se reúnem e o oferecem em sacrifício e, ao mesmo tempo, oferecem algum gado. Após o sacrifício, cozinham a carne e se banqueteiam; e quem assim termina seus dias são estimados como os mais felizes".[186] Uma tranquila morte por velhice devia ser lastimada. Então, Tômiris nunca teve qualquer esperança, como muitos de nós temos, de morrer pacificamente na cama. Muito antes de ir à guerra, ela deve ter sacrificado sua cota de idosos. Seu destino estava traçado.

Quando o marido morreu, Tômiris estava pronta para mostrar aos inimigos a força e a ferocidade dos masságetas. Logo que ficou viúva, foi abordada por Ciro, o Grande, regente do Império Aquemênida (o Primeiro Império Persa), propondo casamento. Tômiris, rápida e certeira, avaliou que Ciro não estava interessado nela, mas em seu trono.

Com sua proposta romântica rejeitada, Ciro e seu exército começaram a construção de uma ponte para a travessia até as terras de Tômiris. Quando a rainha se deu conta, enviou uma mensagem a Ciro, para que voltasse para suas terras. Uma vez que isso seria improvável, também declarou: "A menos que queira muito encontrar os masságetas em armas, abandone seu inútil labor da construção da ponte; deixe que nos afastemos em uma marcha de três dias da margem do rio e você o atravessa com seus soldados; ou, se desejar nos oferecer batalha em seu lado do córrego, afastem-se uma igual distância".[187]

Tômiris não estava destinada a ser branda e terna. Sua tribo seminômade, os masságetas, era conhecida pelas práticas de sacrifício humano e canibalismo [...]

É claro que Ciro não recuou. Em vez disso, elaborou uma estratégia mais inteligente. Disse a Tômiris que iria para o lado dela da margem. Então, enviou um pequeno número de seus piores soldados para atravessar o rio. Eles armaram um banquete, "as copas de vinho cheias da nobre bebida".[188] O exército de Tômiris, liderado por seu filho Spargapises, abordou o banquete, matou os soldados e se deliciou com a bela comida e com as copas cheias de vinho.

A essa altura, é importante observar que, embora não consiga pensar em nada que me levasse mais em direção à bebida alcoólica do que canibalizar ritualisticamente amigos e família, a bebida favorita dos masságetas era leite de cabra. Eles não bebiam álcool.[189] Ou seja, assim como muitos jovens inexperientes, os soldados masságetas tiveram um porre desgraçado. Então, Ciro atacou com o seu exército. Ele massacrou muitos e levou Spargapises como refém.

Ciro venceu a batalha, mas não venceria a guerra.

Tômiris ficou furiosa. Sua mensagem declarava: "Você, Ciro, sedento de sangue, não se vanglorie desse pobre sucesso: foi o suco de uva!". Disse também que poderia devolver seu filho e partir, e ela não o mataria. Porém, "Recuse e, juro pelo sol, o senhor soberano dos masságetas, se tem tanta sede de sangue, eu lhe darei a sua cota de sangue".[190]

Ciro se recusou a partir. Péssima decisão.

Tômiris cumpriu a palavra. Os dois exércitos batalharam e, de acordo com Heródoto, Ciro foi morto. Quando o corpo foi encontrado, Tômiris pegou a cabeça dele e a submergiu em um tonel de vinho, cheio de sangue e entranhas, e declarou: "Assim eu cumpro minha promessa e lhe dou sua cota de sangue".[191]

Ciro, o Grande, morreu pelas mãos de uma mulher com mais sede de sangue que ele.

A maneira como Tômiris morreu é incerta. Espero que, no ritual fúnebre, seus filhos tenham tomado um golinho de vinho, só para ajudar a engolir o corpo da mãe. Com certeza a vida dessa mulher merecia ser brindada com algo mais forte que leite de cabra.

Boudica
vingança e assassinatos
(30–61 d.C.)

Todo mundo ama uma história com um carismático líder tribal se insurgindo contra o Império Romano. Até os romanos amavam. O que é uma surpresa (os estadunidenses de hoje em dia definitivamente não apreciam ser desafiados, mas suponho que os confiantes romanos admiravam essa audácia).

E nenhuma mulher foi mais valorizada pela insurgência contra os romanos que a rainha Boudica.

Boudica se tornou rainha da tribo britânica dos icenos celtas aos 18 anos, graças a seu casamento com o rei Prasutagos. Na época, embora os territórios de muitas tribos vizinhas fossem províncias romanas, a terra dos icenos não era, em grande parte porque Prasutagos havia firmado uma aliança (supostamente) estável com Roma. Chegou a ponto de "proclamar o imperador como seu herdeiro, assim como suas duas filhas; um ato de deferência ao acreditar que isso deixaria seu reino e sua família fora de qualquer perigo".[192]

E, de acordo com todos, funcionou muito bem. Até que Prasutagos morreu.

Os centuriões romanos atacaram a tribo como se a tivessem conquistado. Tiraram os nobres de suas casas. Saquearam o vilarejo. Boudica foi chicoteada e suas duas filhas estupradas.

Boudica ficou furiosa.

Ela voltou-se contra o Império Romano quase imediatamente (*como qualquer um faria*): "Nada está a salvo do orgulho e da arrogância de Roma. Eles desfiguram o que é sagrado e defloram nossas virgens. Vencer a batalha ou perecer, é o que eu, uma mulher, farei".[193]

Ela percorreu cada um dos clãs celtas para transmitir sua mensagem de oposição. Segundo Tácito, ela teria dito que "buscava vingança não como uma rainha de gloriosa ancestralidade, tendo seu reino e seu poder violados, mas como mulher do povo, com a liberdade perdida, o corpo torturado pelo açoite, a honra das filhas manchada".[194] As tribos estavam de acordo. O historiador romano Dio estima que seu exército tinha mais de 200 mil pessoas. Vivendo em um mundo como o nosso, em que é difícil fazer com que estupradores sejam sequer *demitidos*, liderar uma revolta contra eles poderia ser a parte mais deprimente dessa história.

Caio Suetônio Paulino, governador romano da Grã-Bretanha, não estava muito preocupado com a revolta. Ele disse aos soldados que "deviam tratar com desprezo o barulho e as ameaças vazias dos bárbaros: nas fileiras opostas, mais mulheres do que soldados saltavam às vistas".[195]

Esses soldados estavam prestes a descobrir que mulheres têm tanta capacidade de matar quanto homens. Sobretudo se elas forem celtas. Boudica cresceu treinando com armas, assim como muitas celtas. E, nesse caso, estariam especialmente motivadas, já que lutariam para garantir que elas e suas filhas não fossem estupradas.

O exército, em sua maioria feminino, logo devastou Camuloduno, a capital romana da Grã-Bretanha. E também destruiria Londres. E, logo depois, Verulâmio. Uma vez lá, foram tão brutais com os ocupantes romanos como eles haviam sido com elas. O historiador romano Tácito afirmou que "as britânicas não fizeram e não venderam prisioneiros, nem praticaram trocas dos tempos de guerra. Mal podiam esperar para cortar gargantas, enforcar, queimar e crucificar — como se vingassem, com antecedência, a retaliação que estava a caminho".[196] Estima-se que o exército de Boudica tenha matado 80 mil romanos.

Dio notou que "toda essa ruína foi causada aos romanos por uma mulher, um fato que em si causou a eles a maior das vergonhas".[197] Quando seu gênero foi mencionado, Boudica revidou, afirmando que Roma também era regida por mulheres. Afirmou que era uma regente "como um dia o foi Messalina, depois dela Agripina e agora Nero (que, embora de nome seja homem, é de fato uma mulher, como é provado por seu canto, seu gosto por tocar a lira e o embelezamento de sua pessoa)".[198]

Boudica! Passatempos não devem ser relacionados a gêneros! É ótimo que Nero tocasse lira, se ele quisesse tocar. Porém, tudo o mais a respeito de Nero era *atroz* (após assassinar duas esposas, ele castrou um escravo, e obrigou a fingir ser sua esposa), portanto estou disposta a deixar essa passar.

Infelizmente, apesar de seus foras cabulosos e da ferocidade do exército, Boudica não saiu vitoriosa. A batalha final foi travada em 61 d.C. Embora os britânicos estivessem em número superior às tropas romanas e Boudica e as filhas tenham atravessado a batalha em uma carruagem, berrando exortações como "ou conquistar ou morrer com glória!",[199] Roma, por fim, triunfou.

Boudica não desejava viver em um mundo regido pelos romanos: "Embora seja mulher, minha resolução é firme: os homens, se quiserem, podem sobreviver à infâmia e viver em servidão".[200] Ela e as duas filhas tomaram veneno.

Seu legado perdurou. Hoje, Boudica é lembrada como uma heroína dos primórdios britânicos, que supostamente botou tanto medo em Nero que, pelo menos por um breve período, ele pensou em se retirar da Grã-Bretanha.[201] E ela pode ter pavimentado o caminho para que os romanos levassem um pouco mais a sério as mulheres que posteriormente se insurgiram contra eles (como Zenóbia).

Zenóbia

execuções e decapitação

(240–274 d.C.)

Edward Gibbon afirmou, em *A História do Declínio e Queda do Império Romano*, que Zenóbia, a rainha da Síria, fosse "talvez a única mulher cujo gênio superior abriu caminho pela indolência servil imposta ao seu sexo".[202] É uma afirmação hilariantemente equivocada, mas também um duro lembrete de que, a mulher, para ser considerada "não servil", é preciso coragem para enfrentar, basicamente, todo o Império Romano. A um homem é concedida a mesma medida de respeito por, sei lá, administrar o empório da cidade.

Septimia Zenóbia era notável. Diversos historiadores a cobrem de louvores. Dizem que além de muito bela, também tinha um intelecto brilhante. Sabia ler e escrever em latim, egípcio, sírio e grego. Também se mostraria implacável em batalha.

Em 258, Zenóbia se casou com Odaenato, regente de Palmira, província de Roma. Embora Odaenato afirmasse lealdade ao Império Romano, em segredo desejava se tornar o "monarca do Leste".[203] Ele tinha boas razões para aspirar a posição, já que batera o exército persa. Dizem que as paixões militares de Zenóbia eram equivalentes às de seu marido e que ela "aparecia montada a cavalo em vestes militares e, às vezes, marchava vários quilômetros a pé, à frente das tropas".[204] É sempre bom quando os casais curtem as mesmas atividades.

Então, quando seu filho tinha apenas um 1 ano de idade, ela se declarou regente, reivindicando o título de Augusta.

✂ - - - - - - - - - -

Zenóbia poderia ter passado o resto de seus dias muito feliz, como uma esposa belicosa. Mas, Odaenato foi assassinado pelo sobrinho em uma tentativa de golpe, em 267.[205] Zenóbia retaliou executando os assassinos do marido. Então, quando seu filho tinha apenas 1 ano de idade, ela se declarou regente, reivindicando o título de Augusta.

Ela se encarregou de conquistar aquilo que seu marido não tinha conseguido.

Em 270, venceu a guerra contra o Egito, decapitando pelo caminho o oficial romano que estava lá. Ela não era apenas a viúva do homem que aspirava ser o monarca do Leste, ela também era a rainha do Egito.

Zenóbia parece ter sido uma boa regente. O relato de um contemporâneo diz que "Sua severidade, quando a necessidade exigia, era a de uma tirana; sua clemência, quando solicitada pelo senso do correto, a de uma boa imperatriz".[206]

Porém, o povo de Roma não era assim tão fã dela. Ao dominar o Egito, Zenóbia se estabeleceu como inimiga de Roma. Aureliano, o imperador romano — tão conhecido por sua destreza militar que o grito de guerra de suas tropas era "*Mille, mille, mille occidit!*" ("Mil, mil, mil vezes ele massacrou")[207] — atacou as terras de Zenóbia.

Esperando uma vitória fácil contra uma mulher, Aureliano ficou chocado ao descobrir que Zenóbia não havia se rendido, mesmo quando impôs cerco a Palmira. E escreveu: "Há romanos que dizem que estou guerreando contra uma mera mulher, mas há diante de mim um exército tão grandioso quanto seria se combatesse um homem".[208]

Quando ordenada a se render, Zenóbia respondeu com desdém: "Exigem minha rendição como se não estivessem cientes de que Cleópatra preferiu morrer como rainha a permanecer viva, independente de quão alta fosse sua patente".[209]

Esse atrevimento teria sido ainda mais impressionante se Zenóbia não estivesse no processo de fugir da capital no lombo de um camelo. Aureliano a capturou e ela foi levada de volta a Roma e, assim, desfilaram com ela pelas ruas em celebração à vitória.

Mas não foi tão ruim quanto parece. Ela marchou no desfile coberta de ouro e joias. O povo de Roma ficou perplexo. Aureliano a louvou: "Que espécie de mulher é ela, quão sábia nos conselhos, quão resoluta nos planos, quão firme no trato com os soldados, quão generosa quando a necessidade pede, quão severa quando a disciplina exige".[210]

Em vez de cometer suicídio e morrer como uma rainha, Zenóbia se casou com um senador romano e viveu até a velhice em uma extravagante quinta romana. E se por vezes, naquela bela casa em Roma, ela recordava seus dias de Monarca do Leste com um pouquinho de nostalgia — bom, quem não faria o mesmo?

Catarina Sforza

*enforcamento
e vingança*

(1463–1509)

É provável que você já tenha ouvido por aí que uma mulher é capaz de tudo, que sacrificaria *qualquer coisa* pelos filhos.

Antes de acreditar nisso, vamos falar de Catarina Sforza.

Sforza nasceu como filha ilegítima de Galeazzo Maria Sforza, o futuro Duque de Milão, em 1463. Apesar disso, foi criada na casa dele, como era o costume na Itália daquela época, e se tornou uma de suas filhas favoritas. Catarina cresceu aprendendo estratégia militar ao lado dos irmãos. Não foi treinada apenas para ser esposa e mãe, mas uma guerreira e intelectual. A casa dos Sforza abrigava uma biblioteca de mais de mil livros e as crianças foram educadas em Cícero, Sêneca e Virgílio, embora o favorito de Catarina fosse *Mulheres Ilustres*, de Boccaccio, que contava histórias de rainhas guerreiras como Zenóbia.[211]

A inspiração na infância seguiria com ela até a idade adulta.

Aos 14 anos, ela se casou com Girolamo Riario, que tinha 34 e era sobrinho do Papa Sisto IV. O casal estabeleceu residência em um palácio em Campo de Fiori, Roma. Era descrito como um "paraíso na terra".[212] Catarina deu à luz seis filhos, era amada pelo povo e surgiram rumores de que o próprio Papa "não conseguia negar nada a ela".[213]

> **Catarina cresceu aprendendo estratégia militar ao lado dos irmãos. Não foi treinada apenas para ser esposa e mãe, mas uma guerreira e intelectual.**

Após a morte do Papa Sisto, a situação de Catarina se tornou bem menos celestial. Seu marido foi assassinado em 1488 pela família Orsi, apoiadora do novo papa. Seu corpo foi castrado e arrastado pelas ruas.[214] Catarina e os filhos foram aprisionados. Quando seus captores ameaçaram matá-la, respondeu: "Decerto podem me ferir, mas não podem me assustar, pois sou filha de um homem que nunca conheceu o medo".[215] Quem era leal a Catarina fugiu para um forte em Ravaldino, com instruções dela de manter a fortaleza sob quaisquer circunstâncias.

Os Orsi estavam desesperados para tomar Ravaldino. Catarina astutamente se ofereceu para negociar em nome deles, que assentiram. Eles presumiram que ainda a tinham sob controle, pois mantinham seus filhos reféns. Ao que consta, ao adentrar Ravaldino, Catarina deu-lhes uma banana. Eles a ordenaram que se rendesse ou matariam os filhos. De acordo com a lenda, Catarina se postou nas muralhas, levantou as saias para mostrar a genitália e gritou "Matem-nos se quiserem, tenho como fazer muitos mais!".[216]

Considerando que, na época, Catarina tinha 36 anos e as mulheres hoje em dia são constantemente alertadas de que sua fertilidade começa a diminuir após os 35, admiro imensamente sua confiança.

Catarina venceu. Ela retardou seus captores o suficiente para que seu tio Ludovico, o Mouro, viesse em seu auxílio. Seus filhos até sobreviveram. Os Orsi não os mataram, em parte por Catarina tê-los deixado muito desnorteados.

Após reaver suas terras, Catarina se declarou regente do filho mais velho Otaviano e começou a punir os assassinos do marido. Depois de enforcá-los, seus corpos foram jogados à multidão, que os despedaçaram. Com exceção do chefe, que Catarina amarrou e forçou a assistir aos enforcamentos. Ela transformou a ancestral casa deles em cinzas. Então, o amarrou a um cavalo e o arrastou até a praça da cidade para todos verem. Depois de o cavalo dar duas voltas, ordenou que seu coração fosse arrancado.[217]

No dia seguinte, a caminho da missa, Catarina caminhou tranquilamente pela mesma rua.

Ela se casaria mais duas vezes. Com o tempo, suas terras acabaram nas mãos dos Bórgia, apesar de Catarina ter comandado mais de mil homens para defendê-las. Ela foi aprisionada pelos Bórgia em 1500, que a mantiveram em uma quinta um tanto bela e até se empenharam para tratá-la mais como hóspede do que prisioneira.

Se tem algo que a gente aprende na leitura destes capítulos é que os homens ficam bestas por uma mulher bem-sucedida na liderança de exércitos que matam um zilhão de pessoas.

Após ser libertada, Catarina passou o resto de seus dias pacificamente. E se aventurou no campo da química. Com o tempo, compilou 454 fórmulas em um livro que foi, por um bom tempo, equivocadamente atribuído a Cosimo, o Ancião.[218] Ela morreu de pneumonia aos 46 anos, rodeada de seus muitos e admiráveis filhos que, por mais incrível que possa parecer, não guardaram nenhuma mágoa.

Maria Tudor

execuções e muito sangue

(1516–1558)

Antes de *Bloody Mary* ser o nome de um asqueroso coquetel para o meio da manhã, a expressão se referia a Maria Tudor.

A história de Maria Tudor começa, de fato, com seu pai. Maria era a única filha sobrevivente do rei Henrique VIII com a primeira esposa, Catarina de Aragão. Ela foi grande devota do catolicismo, o que era ótimo, afinal, Henrique era tão católico que ganhou do papa a alcunha de "Defensor da Fé". Mas foi aí que apareceu Ana Bolena. Henrique quis se divorciar de Catarina e se casar com Ana, mas a Igreja não permitia o divórcio (e já que os dois estavam casados há 24 anos e tinham um herdeiro, a anulação não era possível). Então, Henrique rompeu com a Igreja Católica, fundou a Igreja Anglicana e autoproclamou dirigente da nova religião.

Henrique se casou com Ana Bolena em 1533. Pelos anos seguintes, mosteiros por toda a Inglaterra foram desmembrados, quem permaneceu fiel à Igreja Católica foi condenado à morte. Ana Bolena também seria condenada por "bruxaria", mas só três anos mais tarde. O que percebo, agora enquanto estou digitando, que não é tanto tempo assim.

Catarina de Aragão também morreu em 1536. Após o divórcio, foi confinada em um pequeno castelo. Maria foi declarada ilegítima e seu direito inato fora transmitido a Elizabeth, filha de Henrique com Ana. Catarina não tinha permissão para ver a amada filha Maria, o que foi causa de desgosto para ambas as partes.[219]

Maria respondeu se voltando ao catolicismo. A fé servia tanto como um dedo do meio ao pai, que a havia renegado [...]

Maria respondeu se voltando ao catolicismo. A fé servia tanto como um dedo do meio ao pai, que a havia renegado, quanto um modo de manter a conexão com a família espanhola da mãe. Quando Eduardo, o frágil e único filho sobrevivente de Henrique, assumiu o poder, ele publicamente implorou a Maria que deixasse o catolicismo. Ela se recusou *veementemente*.

O rei Eduardo VI só viveu até os 15 anos. Tempo suficiente para choramingar por Maria ainda ser católica, mas não muito mais. Através de uma série de manobras extremamente complicadas, Maria assumiu o comando do trono após a morte dele.

Ela imediatamente começou a tentar desfazer tudo que o pai havia feito. Que maneiro! Foda-se o papai!

Em retrospecto, talvez ela tenha ido um pouco longe demais ao matar trezentos protestantes.

No que parece uma abordagem bem pró-Maria, o *History.com* se pergunta: "Mas seu próprio pai, Henrique VIII, executou 81 pessoas por heresia... então, por que o nome de Maria é ligado à perseguição religiosa?".[220] Bom, porque trezentos é quatro vezes mais que 81, *History.com*. E não há ninguém escrevendo livros de como Henrique VIII era equilibrado. Todos concordamos que ele ficava de boa com o homicídio.

Logo após tomar o trono, Maria se casou com Philip, rei de Nápoles. Ela então começou a desentocar quem fosse desleal à Igreja Católica e a queimá-los vivos. Entre essas centenas estava Thomas Cranmer, um dos homens que havia facilitado o divórcio de seu pai. Ela escolheu matá-lo mesmo depois de ter se retratado. De fato, muitos dos "hereges" nem chegavam a ser protestantes fervorosos. Como Anna Whitelock escreveu em *Mary Tudor: England's First Queen*, "Muitas vítimas eram trabalhadores agrícolas e artesãos denunciados pelas famílias, vítimas de ganâncias particulares e disputas locais".[221]

As execuções de Maria são memoráveis porque muitas delas foram registradas no *Livro dos Mártires*, de John Foxe. As descrições da "horrível e sangrenta época da rainha Maria"[222] há muito perduram na imaginação inglesa. Embora Foxe possa ter enfeitado um pouco, as queimas eram realmente medonhas. Uma mulher, denunciada pela tia, foi queimada viva. Ninguém havia mencionado que ela estava grávida. Ela deu à luz em meio às chamas. Quando um observador salvou o bebê, segundo os relatos, a criança foi jogada de volta em direção ao fogo.[223]

O reinado relativamente breve de Maria durou cinco anos. De forma notável, também não teve herdeiro. Há historiadores que afirmam que se Maria tivesse dado à luz, poderia ter transformado a Inglaterra em um país católico outra vez. Como não deu, a coroa passou para a irmã protestante, Elizabeth.

Longe de se tornar um país católico, o povo da Inglaterra — do mundo inteiro, na verdade — começou a temer que os regentes católicos poderiam ser mais fiéis ao papa que a seus próprios cidadãos. Esse medo durou centenas de anos, muito mais tempo que a possibilidade de queimar alguém na rua.

Ranavalona I de Madagascar

escravização e tortura

(1778–1861)

Em uma ponta do espectro da "criança adotada" está a encantadora heroína ficcional Anne de Green Gables, de Lucy Maud Montgomery. Na outra, está a bem real Ranavalona I de Madagascar.

O pai de Ranavalona era um nobre de menor expressão excessivamente bondoso, que soube do plano para assassinar o rei e o denunciou. Como recompensa, o rei adotou Ranavalona. Anos depois, ela se casou com o filho e herdeiro do rei, o príncipe Radama. Após a morte do rei, ela se tornou rainha de Madagascar, em 1810.[224]

Isso já é incomum, porque o efeito Westermarck geralmente dita que você não sente atração sexual pela pessoa com quem cresceu. Mas não se preocupe, a história fica ainda mais estranha. O príncipe Radama tinha doze esposas. Ranavalona não era a favorita e não tiveram filhos (embora seja difícil dizer se ela não era a favorita pela falta de filhos ou, ainda, se ele não gostar dela contribuiu para a falta de filhos). Mas quando o rei Radama morreu aos 36 anos, em 1828, ela assumiu o trono.

Para isso, ela matou todos os rivais desse trono, o que significa assassinar quase toda sua família adotiva. A maioria dos homens que eram uma ameaça morreu lanceada. Porém, o costume real ditava que "sangue real feminino" não podia ser derramado,[225] então Ranavalona fez suas parentes mulheres morrerem de inanição. A execução de rivais era brutal, mas não incomum. Porém, como ela foi adotada porque seu pai avisou o rei de um assassino em potencial, há uma ironia nada insignificante nessa reviravolta.

Uma vez no trono, ela realizou coisas maravilhosas — certo?

Não exatamente.

Ranavalona era uma regente forte e determinada. Ao assumir o trono, declarou: "Nunca digam 'ela é só uma mulher frágil e ignorante, como pode reger um império tão vasto?'. Aqui regerei, pela boa sina de meu povo e pela glória de meu nome! O oceano será o limite de meu reino e não cederei um fio de cabelo dele!".[226] Para isso, ela entrou em ação para garantir a independência de Madagascar do jugo imperial. Enquanto seu marido vinha tentando ocidentalizar o país, Ranavalona encorajou as pessoas a celebrarem sua herança e seus costumes característicos. Pouco depois da coroação, ela expulsou de Madagascar o representante britânico. Mas nada de ocupação britânica significava nada do subsídio deles, então o dinheiro perdido precisava ser compensado. Assim, em decisão apavorante, Ranavalona reinstituiu o comércio de pessoas escravizadas.

Também dizem que a tortura durante seu reinado foi especialmente terrível. Um dos biógrafos, Keith Laidler, menciona que "salteadores, escravizados fugitivos ou qualquer suspeito de inclinações traidoras podia ser esfolado vivo, serrado ao meio ou [ter] os testículos esmagados... outros podiam ser amarrados, envolvidos por couro de búfalo, costurado apenas com a cabeça para fora, e pendurados em postes onde morreriam lentamente".[227] Ou a parte inferior do corpo ser submersa em um caldeirão fervente, de modo que sua genitália era cozida enquanto a vítima permanecia viva e consciente.

Não era uma grande época para se viver em Madagascar.

A culpa era determinada por um julgamento bizarro: o acusado era alimentado com arroz, três pedaços de pele de galinha e grãos de veneno extraídos da árvore *Cerbera odollam*. Se os acusados não vomitassem todas as três peles de galinha, eram considerados culpados e executados (o marido de Ranavalona também permitiu essa prática, mas em seu reinado, cães podiam representar suas contrapartes humanas).

Ela exigiu que até mesmo seu amante se submetesse ao teste quando acusado de ter outra mulher. Ele se recusou. Ela fez com que fosse morto em casa, lanceado. Supostamente, enquanto morria, gritou: "Glória a Ranavalona... que viva eternamente sem infortúnios!"[228] (eu já disse coisas bem mais maldosas de ex-namorados que, após o término, apenas não haviam devolvido alguns livros que eu tinha emprestado a eles).

Ranavalona não viveu para sempre, é claro, mas viveu mais tempo do que, pelo jeito, seu filho e herdeiro designado teria gostado. Ele tentou destroná-la alguma vezes, o que pareceu apenas diverti-la. Enquanto o filho conspirava com os europeus, ela enviava militares para visitá-lo de tempos em tempos, "só para que tivessem boas tarefas aleatórias, como recolher presentes".[229]

Ela teve uma morte pacífica enquanto dormia, aos 83 anos. Depois disso, seu filho deu as boas-vindas aos europeus, aboliu a escravidão e instituiu toda sorte de políticas beneficentes. Em algumas décadas, Madagascar se tornou colônia francesa. Então, talvez ela tivesse alguma razão quanto a manter os europeus à distância.

Suas políticas ultrajantes não contribuíram "para a glória de seu nome", como um dia desejou.

Hoje, a maioria das pessoas não se lembra com carinho de Ranavalona. Seu nome quase sempre é usado para insultar.[230]

DAILY CRIME

DAMAS MORTAIS

Citações

Já notou declarações negativas na imprensa sobre líderes mulheres? Não é novidade. As pessoas sempre odiaram mulheres no comando. Quer dizer:

"Entre os bárbaros, a mulher e a pessoa escravizada têm o mesmo status, pois não há regentes natas entre elas." — Aristóteles, filósofo, *Política*, 350 d.C.

"Não permito, porém, que a mulher ensine, nem use de autoridade sobre o marido, mas que esteja em silêncio." — Bíblia, Timóteo I, 2:12.

"Fomentar que uma mulher detenha o jugo, a superioridade, o domínio ou o império sobre qualquer reino, nação ou cidade é repugnante à natureza; uma contumélia a Deus, algo imensamente contrário à Sua vontade revelada e Sua ordenação aprovada; e, por fim, é a subversão da boa ordem, de toda a equidade e justiça. — John Knox, ministro escocês, *The First Blast of the Trumpet Against the Monstrous Regiment of Women* [O primeiro clamor do clarim contra o monstruoso regimento das mulheres], 1558.

"Homens têm o peito largo e amplo, quadris pequenos e estreitos, e mais entendimento do que as mulheres, que por sua vez têm seios pequenos e estreitos e quadris largos, de modo que devem permanecer em casa, ficar sossegadas, cuidar da casa, conceber e criar os filhos." — Martinho Lutero, reformista religioso, *Conversas à mesa*, 1566.

"Nós tratamos as mulheres bem demais e, por causa disso, estragamos tudo. Causamos todo tipo de mal ao elevá-las a nosso nível. As nações orientais realmente têm mais razão e bom senso que nós ao declararem que a esposa seja realmente propriedade do marido. De fato, a natureza fez da mulher nossa escrava." — Napoleão Bonaparte, imperador da França, *Memórias*, 1831.

"Eu preferiria atravessar o mais difícil dos caminhos do matrimônio do que seguir seus passos... Vade Retro, sra. Satã!" — Thomas Nast, cartunista, sobre Victoria Woodhouse, a primeira mulher a se candidatar à presidência dos EUA, 1872.

"A vida já é de cão, não vote em uma cadela." — Camisetas contra Hillary Clinton populares nos comícios de Donald Trump, por volta de 2016.

"Sem querer ser sexista, mas não posso votar em uma mulher para líder do mundo livre." — T.I., rapper, 2017.

Damas Mortais
Jennifer Wright

8

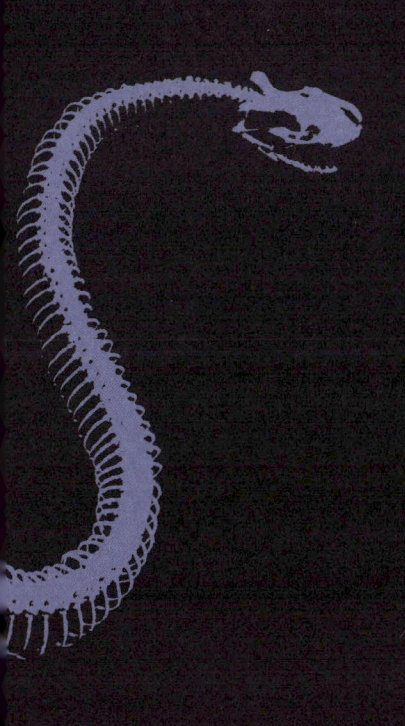

GUERREIRAS
(nada de princesas)

P: "Existiu alguma mulher samurai?"*
R: "Não. Não existiu. É algum teste para descobrir
quem são as feministas malucas? Fora as lendas, alguma
cultura de grande porte teve mulheres guerreiras?"
— Algum cara.

Este capítulo é dedicado ao cara que publicou isso.
Que ele passe ao esquecimento da história.

* Kieas, 25 de julho de 2004, resposta a Cheng,
https://www.japan-guide.com/forum/quereadisplay.html?o+7443.

Tomoe Gozen

*liderança de tropas
e decapitação*

(1157–1247)

Escavações arqueológicas recentes no Japão descobriram que aproximadamente um terço dos corpos em campos de batalha entre samurais, no século XVI, eram de mulheres.[231] Portanto, há muitos exemplos de guerreiras japonesas para traçarmos o perfil, caso você não seja alguém que esteja ativamente tentando apagá-las da história.

A mais famosa de todas é Tomoe Gozen. Era integrante da Onna-bugeisha, o equivalente feminino aos samurais. As Onna-bugeisha foram formadas por volta de 200 d.C., com a intenção de seguir os passos da Imperatriz Jingū, que, de acordo com as lendas, liderou uma bem-sucedida invasão à Coreia enquanto estava grávida. As Onna-bugeisha geralmente agiam como esquadrão de defesa, em uma época em que "as batalhas viravam cerco, em que toda a família lutava para defender o castelo".[232] Elas eram treinadas em artes marciais e no manejo de armas, especialmente facas e um bastão chamado naguinata, para o caso de precisarem defender seus lares. Ou, melhor, sua honra. Era raro partirem para a ofensiva, e as mulheres que atacavam eram conhecidas como onna-musha.

"Uma guerreira que valia por mil, pronta para confrontar um demônio ou um deus, montada ou a pé [...]"

De acordo com *The Tale of the Heike* [O conto das Heike], além de ser muito bela, Tomoe Gozen "também era arqueira de força excepcional, além de espadachim. Uma guerreira que valia por mil, pronta para confrontar um demônio ou um deus, montada ou a pé. Ela lidava com cavalos não adestrados com habilidade soberba; cavalgava incólume por perigosos declives".[233] Não é de surpreender, então, que seu amante, o lorde Kiso no Yoshinaka, a tenha tornado sua comandante-chefe. "Sempre que a batalha era iminente, Yoshinaka a enviava como primeira capitã, equipada de resistente armadura, uma espada maior que o normal e arco imenso; e ela realizava mais feitos valorosos do que qualquer outro dos guerreiros".[234]

Sua fé nela foi chancelada pelas proezas de Gozen. Em 1181, na Batalha de Yokotagawara, ela decapitou sete oponentes montados. Em 1183, liderou mil guerreiros à vitória.[235] Suas histórias de glória só chegaram ao fim em 1184, na Batalha de Awazu. Yoshinaka lutava contra seu primo, Minamoto no Yoritomo. Em desvantagem numérica de trezentos para 6 mil, Tomoe e suas forças não sairiam vitoriosas. No fim, quando apenas cinco deles permaneceram vivos (é claro que Tomoe era uma desses cinco), Yokinada disse: "Você é uma mulher, então fora daqui; vá para onde quiser. Pretendo morrer lutando ou me matar se estiver ferido. Seria inapropriado deixar que as pessoas digam, 'lorde Kiso manteve a mulher consigo em sua última batalha'".[236]

Tomoe não quis bater em retirada. Suspirando, ela declarou em tom melancólico: "Ah! Se ao menos pudesse encontrar um inimigo digno! Eu o enfrentaria em uma última batalha para que Vossa Senhoria assistisse".[237] Nem bem fez a declaração, surgiram trinta cavaleiros, liderados pelo temível Honda no Morishige de Musashi. Ela cavalgou na direção dele, agarrou a cabeça e quebrou o pescoço dele. Então, decepou — mais um entre seus muitos troféus. Só então ela cavalgou na direção do pôr do sol. Ou, suponho, do nascer do sol, já que *The Tale of the Heike* afirma que desapareceu rumo "a leste".

Apesar da disposição em atacar até à morte, Tomoe sobreviveu por muito tempo. Há lendas que contam como ela teria se tornado concubina (para gerar filhos fortes) e outras afirmam que ela cometera suicídio. O relato menos hiperbólico afirma que ela se tornou monja e viveu até os 90 anos de idade. No entanto, a sua lembrança viveu muito mais. E ainda vive.

Nansica

execuções e sede de sangue

(morta em 1890)

Após o celebrado lançamento do filme *Pantera Negra*, o guru da direita Ben Shapiro raivosamente tuitou "Wakanda não existe". De certa forma, ele está certo, porque pessoas com superpoderes *realmente não existem*. Mas parte do filme foi fortemente inspirada por uma parte bastante esquecida da História: um exército inteiro formado por mulheres.

Assim como em Wakanda, um corpo militar composto apenas por mulheres realmente existiu no Reino Africano de Dahomey no século XIX. Durante a década de 1840, as tropas do exército feminino tinham cerca de 6 mil mulheres.[238] É provável que elas tivessem de servir porque vários homens morreram em batalha ou foram escravizados, mas as mulheres ficaram empolgadas. As guerreiras eram conhecidas como N'Nonmiton, o que significa "nossas mães" em sua língua materna.[239]

O treino para se tornar N'Nonmiton era brutal. Esperava-se que as candidatas escalassem cercas-vivas de espinhos. Elas também eram deixadas sozinhas na selva sem provisões por mais de uma semana. Os ingleses se esforçavam para se conformar com o fato de que um exército tão formidável podia ser composto por mulheres. Um explorador britânico observou, em 1863, que "tal era o tamanho dos esqueletos femininos e o desenvolvimento muscular de sua constituição que, em muitos casos, a feminilidade só podia ser detectada pelo colo".[240] Os inimigos franceses foram rápidos em reconhecer que as N'Nonmiton "lutam com extrema bravura, sempre à frente das outras tropas. Elas são excepcionalmente corajosas... bem treinadas para o combate e muito disciplinadas".[241]

> **Os ingleses se esforçavam para se conformar com o fato de que um exército tão formidável podia ser composto por mulheres.**

Conquistar um lugar no regimento feminino era árduo, mas trazia grande aclamação. As mulheres eram alojadas nos arredores palacianos e recebiam comida e bebida em abundância. Quando saíam em público, eram precedidas por um tocador de sino. Quando os homens ouvissem o som, deveriam correr na direção oposta e desviar o olhar. Até mesmo olhar para as mulheres era proibido e tocar uma das guerreiras podia resultar em execução.[242]

Um treinamento de combate era executar prisioneiros de guerra. Esperava-se que fossem capazes de matar com um golpe rápido de facão. Convocaram para uma execução a mulher chamada Nansica. Dizem que era "arrebatadora" que "ainda não havia matado ninguém".[243] Ela então "caminhou vividamente até a vítima, girou a espada três vezes com as duas mãos, e calmamente cortou a réstia de carne que ligava a cabeça ao tronco".[244] Relatos dão conta de que, na sequência da execução, ela se afastou para limpar o sangue da arma e, então, o bebeu. Outros relatos asseguram que agitou a espada orgulhosamente diante da multidão.

Porém, o orgulho de Nansica durou pouco. Ela foi morta três meses depois em batalha contra o exército francês, durante a Primeira Guerra Franco-Daomeana, em 1890. Jean Bayol, o mesmo cronista francês que havia registrado a execução por Nansica, deparou-se com ela no campo de batalha: "Vestia capa branca, calças escarlates cobertas por uma tanga confortável, colete florido, parcialmente aberto, que oferecia um vislumbre das nascentes e puras formas do instrumento daomeano. O cutelo, de lâmina curvada, gravado com símbolos de proteção, estava preso ao pulso esquerdo por um pequeno cordão e a mão direita fechada ao redor do cano da carabina".[245] Dado que os homens não tinham permissão para olhar para as N'Nonmiton em vida, suspeito que Nansica não ia *curtir* a estranha objetificação de seu corpo levemente revelado após a morte.

As N'Nonmiton perderam a batalha em grande parte porque os franceses tinham armas superiores às dos daomeanos. Quando a batalha terminou, as N'Nonmiton foram as últimas a se render. A *Smithsonian Magazine* escreveu que quando foram enfim vencidas pelos franceses, "cada uma se permitiu ser seduzida por um oficial francês, esperou que dormissem e cortaram a garganta deles com as próprias baionetas".[246]

O erro dos franceses foi ver as N'Nonmiton mais como mulheres do que como guerreiras. E elas eram guerreiras muito, mas muito autênticas.

Damas Mortais
Jennifer Wright

Nadezhda Vasilyevna Popova

vingança e assassinato de nazistas

(1921–2013)

Nem todas as bruxas voam em vassouras. Algumas preferem aviões.

Veja o esquadrão soviético que os nazistas chamavam de "Bruxas da Noite". Esse grupo de aviadoras despejou 23 mil toneladas de bombas em alvos germânicos na Segunda Guerra Mundial.[247] De fato, foram tão bem-sucedidas que os alemães estavam convencidos de que os soviéticos haviam realizado experiências para, de algum modo, dar a elas visão noturna especial. O nazista que conseguisse matar uma Bruxa da Noite recebia uma Cruz de Ferro.*

---

* Condecoração entregue aos alemães por bravura em batalha. [NT]

E pensar que os soviéticos mal deram aviões a essas mulheres.

A Divisão 558 de Bombardeios Noturnos, composta inteiramente de mulheres (até as mecânicas), foi criada em 1941, a pedido da navegadora Marina Raskova. Mas os recursos eram escassos; os uniformes e botas vieram de segunda mão, e eram grandes demais para elas. Os melhores aviões soviéticos haviam tombado na guerra, então a unidade feminina trabalhava apenas com pequenos bimotores de madeira dos anos 1920.[248] Em parte para irritar os colegas homens, que achavam que mulheres não deveriam estar em combate, elas pintavam imagens associadas às mulheres na lateral dos aviões, como flores. Em vez de radares, disponíveis para os esquadrões masculinos, as pilotas eram obrigadas a se virar com mapas e compassos.[249]

> **[...] para irritar os colegas homens, que achavam que mulheres não deveriam estar em combate, elas pintavam imagens associadas às mulheres na lateral dos aviões, como flores.**

A idade dos aviões acabou sendo um benefício. "Os aviões eram pequenos demais para o radar pegar... ou sensores infravermelhos... elas nunca usavam o rádio, então os sensores de ondas de rádio também não captavam nada",[250] observou o autor e roteirista de cinema Steve Prowse. A única indicação que os nazistas tinham da chegada das Bruxas da Noite era o som dos aviões se aproximando, que comparavam a vassouras. Os nazistas se angustiavam pelas mulheres serem "precisas, implacáveis e aparecerem do nada".[251]

E ninguém era mais precisa e implacável do que Nadezhda Vasilyevna Popova. Nascida em uma pequena cidade na Ucrânia, afirmou que na juventude "estava entediada e queria algo diferente".[252] Ela encontrou algo assim quando um avião caiu na sua cidade. Popova mais tarde se recordaria que "Eu achava que só os deuses voavam".[253] Se associou a um clube de aviação aos 15 anos e se matriculou na escola de voo aos 18, se unindo ao

558º Regimento aos 19 anos. Ela queria voar pelo exército por razões pessoais: o irmão havia sido morto por nazistas e a casa da família transformada em delegacia da Gestapo.

Era improvável que os nazistas encontrassem uma oponente mais implacável. Já na primeira missão, seu avião foi abatido e duas das companheiras aviadoras morreram. Ela imediatamente voou em outra missão, declarando que "foi a melhor coisa para me impedir de pensar no que tinha acontecido".[254] Ela voaria em 852 missões.

Viu muitas amigas morrerem. Mais tarde, recordaria para o *Moscow Times* que "Se você desistir, não faz nada e não vira heroína. Aquelas que se renderam foram abatidas e queimadas vivas nos aviões, já que não havia paraquedas".[255] O governo devia mesmo ter dado um equipamento melhor para elas.

Nadezhda Vasilyevna Popova recebeu o título de Heroína da União Soviética, a mais alta honraria da nação. Também recebeu a Estrela Dourada, a Ordem de Lênin e a Ordem da Estrela Vermelha. Após a guerra, se casou com outro piloto e sossegou, levando uma vida mais pacífica como instrutora de voo.

Pelo jeito não são apenas os deuses que podem voar. As mulheres também podem.

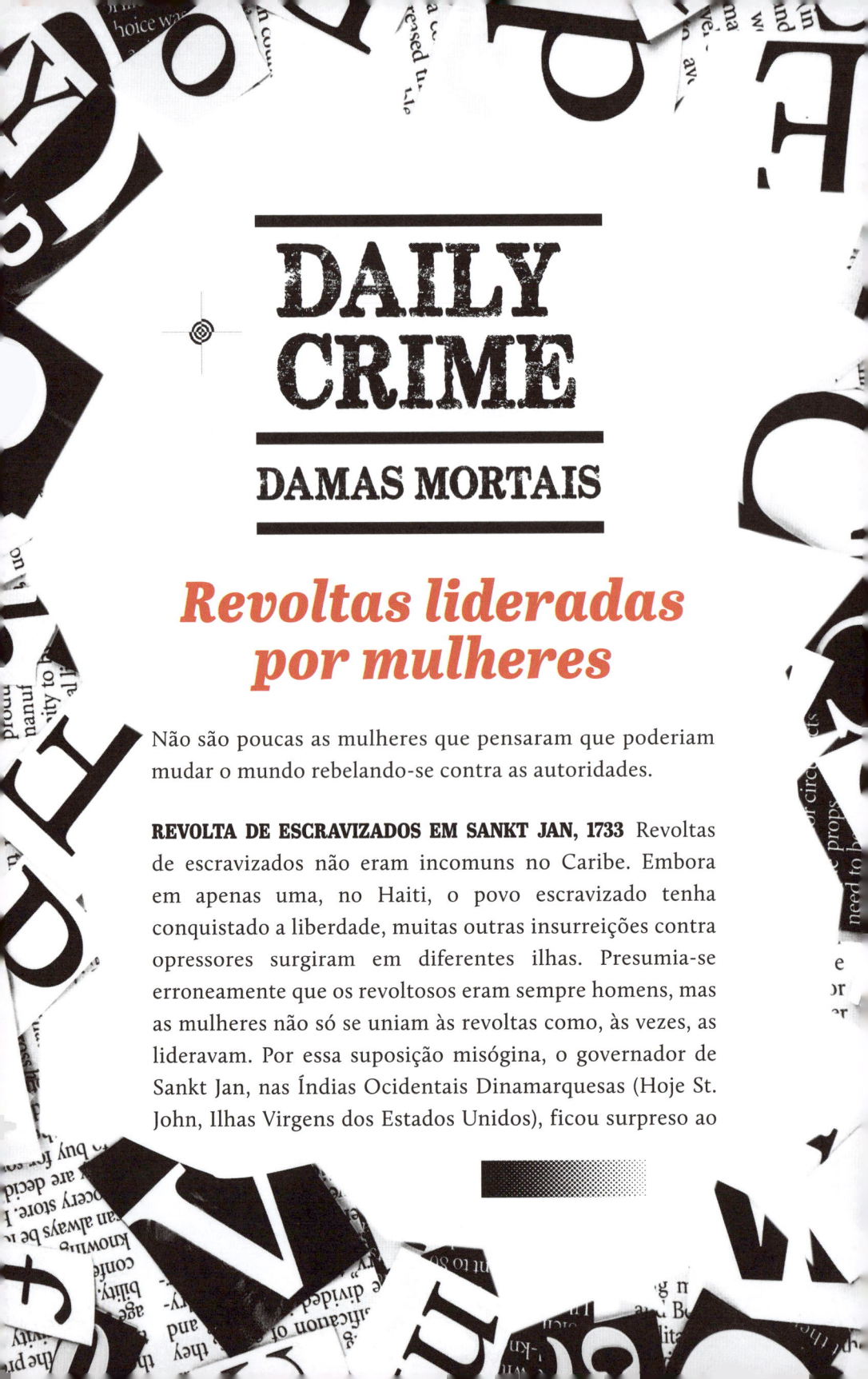

DAILY CRIME

DAMAS MORTAIS

Revoltas lideradas por mulheres

Não são poucas as mulheres que pensaram que poderiam mudar o mundo rebelando-se contra as autoridades.

REVOLTA DE ESCRAVIZADOS EM SANKT JAN, 1733 Revoltas de escravizados não eram incomuns no Caribe. Embora em apenas uma, no Haiti, o povo escravizado tenha conquistado a liberdade, muitas outras insurreições contra opressores surgiram em diferentes ilhas. Presumia-se erroneamente que os revoltosos eram sempre homens, mas as mulheres não só se uniam às revoltas como, às vezes, as lideravam. Por essa suposição misógina, o governador de Sankt Jan, nas Índias Ocidentais Dinamarquesas (Hoje St. John, Ilhas Virgens dos Estados Unidos), ficou surpreso ao descobrir que "um dos líderes da rebelião, Baeffu [sic], que nenhum de nós conhecia, e que havíamos presumido ser homem e havia assassinado meu filho Pieter Krøyer e a esposa, é mulher!". Em 1734, após a rebelião fracassar, Breffu tirou a própria vida, preferindo a morte à escravização.

LUTA CONTRA O PODER COLONIAL BRITÂNICO NA ÍNDIA, 1780 A rainha indiana Rani Velu Nachiyar viu os imperialistas britânicos matarem seu marido em 1772. Após escapar com a filha, tramou sua vingança. Em 1780, organizou uma bem-sucedida revolta, notável pela missão suicida em que sua filha adotiva (e comandante do exército) Kuyili se cobriu de ghee, ateou fogo em si mesma e caminhou até um depósito de munições dos britânicos.[256] Após a vitória, Velu Nachiyar criou um exército formado de mulheres conhecido como Udaiyaal, em memória daquelas que haviam morrido combatendo os britânicos.[257]

MARCHA DAS MULHERES EM VERSALHES, 1789 Em 1789, um único pão na França poderia custar o equivalente a quatro quintos dos rendimentos diários de uma mulher.[258] Enfurecidas e dispensando os homens por considerá-los covardes, as mulheres marcharam por 20 quilômetros de Paris até o palácio real de Versalhes, portando a primeira arma que encontraram. Elas forçaram o rei Luís XVI a voltar a Paris e se submeter ao julgamento da Revolução. E não acabou muito bem para ele. Mas até aí, a revolução também não acabou muito bem para as mulheres. Em alguns anos, seriam rechaçadas pelos homens como histéricas que não incorporavam a "virtude masculina" da Revolução.

LUTA PELA LIBERTAÇÃO DO TIBETE, 1958 A sacerdote Ani Pachen (seu nome pode ser traduzido como "Monja de Grande Coragem")[259], liderou seiscentos combatentes pela liberdade contra o governo chinês que estava destruindo os monastérios budistas. Capturada em 1960, foi prisioneira por 21 anos, e forçada a viver em um poço cheio de fezes. Ela fala de como se sentia confortada ao encontrar um verme na sujeira. Após a libertação, viajou pelo mundo palestrando pela causa do Tibete. Hoje, é conhecida como a Joana D'Arc do Tibete.

Damas Mortais
Jennifer Wright

9

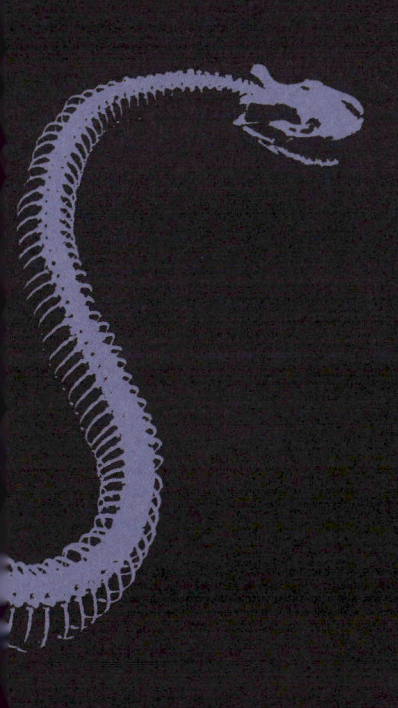

VINGADORAS

Veja bem, elas tinham uma
razão muito boa.

Charlotte Corday

facas de açougue e punhaladas no coração

(1768–1793)

Splish, splash, Marat estava tomando banho, daí Charlotte Corday o apunhalou no coração com a faca de açougueiro. Esse ainda é um dos assassinatos mais surpreendentes da história.

Jean-Paul Marat era jornalista durante a Revolução Francesa. Ele dirigia um jornal chamado *L'Ami du Peuple* [O amigo do povo], veículo que advogava os ideais jacobinos. As ideias estavam alinhadas aos proletários pobres, o que é ótimo, mas os jacobinos também defendiam a violência radical contra os "inimigos da Revolução", o que levou ao Reino de Terror.

Nesse período, de setembro de 1793 a julho de 1794, aproximadamente 17 mil pessoas encontraram seu fim na guilhotina, mas estima-se que o número total de mortos, executados sem julgamento, pode se aproximar de 40 mil.[260] As vítimas não eram apenas aristocratas do antigo regime, mas também figuras religiosas, pensadoras dissidentes, opositoras políticas e, na verdade, quase qualquer um que não fosse entusiasta de matar pessoas sem o devido julgamento.

Para alguém escrevendo um livro sobre assassinas interessantes, sou surpreendentemente contra à abordagem dos jacobinos de revolução. Assim como Charlotte Corday. Ela era filha de aristocratas menores, e integrante dos girondinos, facção moderada com simpatia pela realeza. Charlotte pressentiu que Marat e suas ideias levariam a um terrível banho de sangue. Por isso, resolveu matá-lo.

Em 13 de julho de 1793, véspera do Dia da Bastilha, ela se aproximou da casa de Marat, de onde inicialmente foi expulsa. Marat estava doente, de molho na banheira que servia como tratamento para sua doença de pele degenerativa. Porém, mais tarde, naquele mesmo dia, ela prometeu informações que poderiam ser úteis contra os girondinos e, assim, recebeu permissão para ver Marat na banheira.

Uma vez lá, afundou uma faca de 15 centímetros direto no coração do homem. Foi presa imediatamente. No julgamento, Charlotte pediu que não tivessem clemência: "Matei um homem para salvar 100 mil". Foi guilhotinada quatro dias depois. De acordo com Thomas Carlyle, ela seguiu para a morte "tão bela, tão serena, tão cheia de vida".[261]

Sem dúvida, foi muito corajosa. Se alguém pensar nisso como um bom exemplo da máxima "matar o bebê Hitler para impedir o Holocausto", faria bem em lembrar a data — logo antes do Dia da Bastilha — quando Charlotte matou Marat. O terror chegaria ao ápice no ano seguinte, e uma de suas forças motrizes foi o consenso de que Marat seria um mártir. Contrário à intenção, Charlotte não salvou 100 mil vidas; em vez disso, gerou a morte de 40 mil.

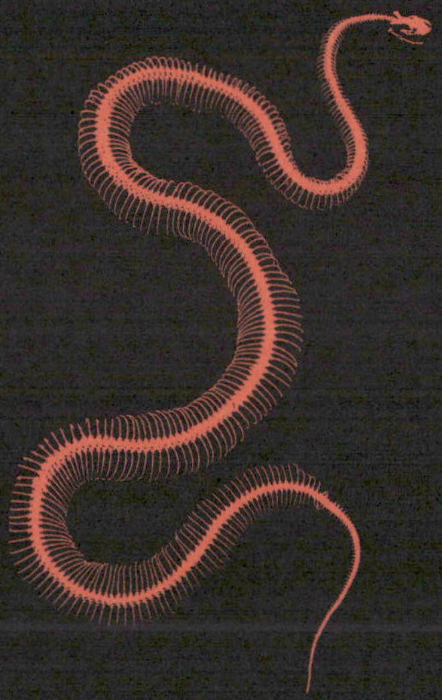

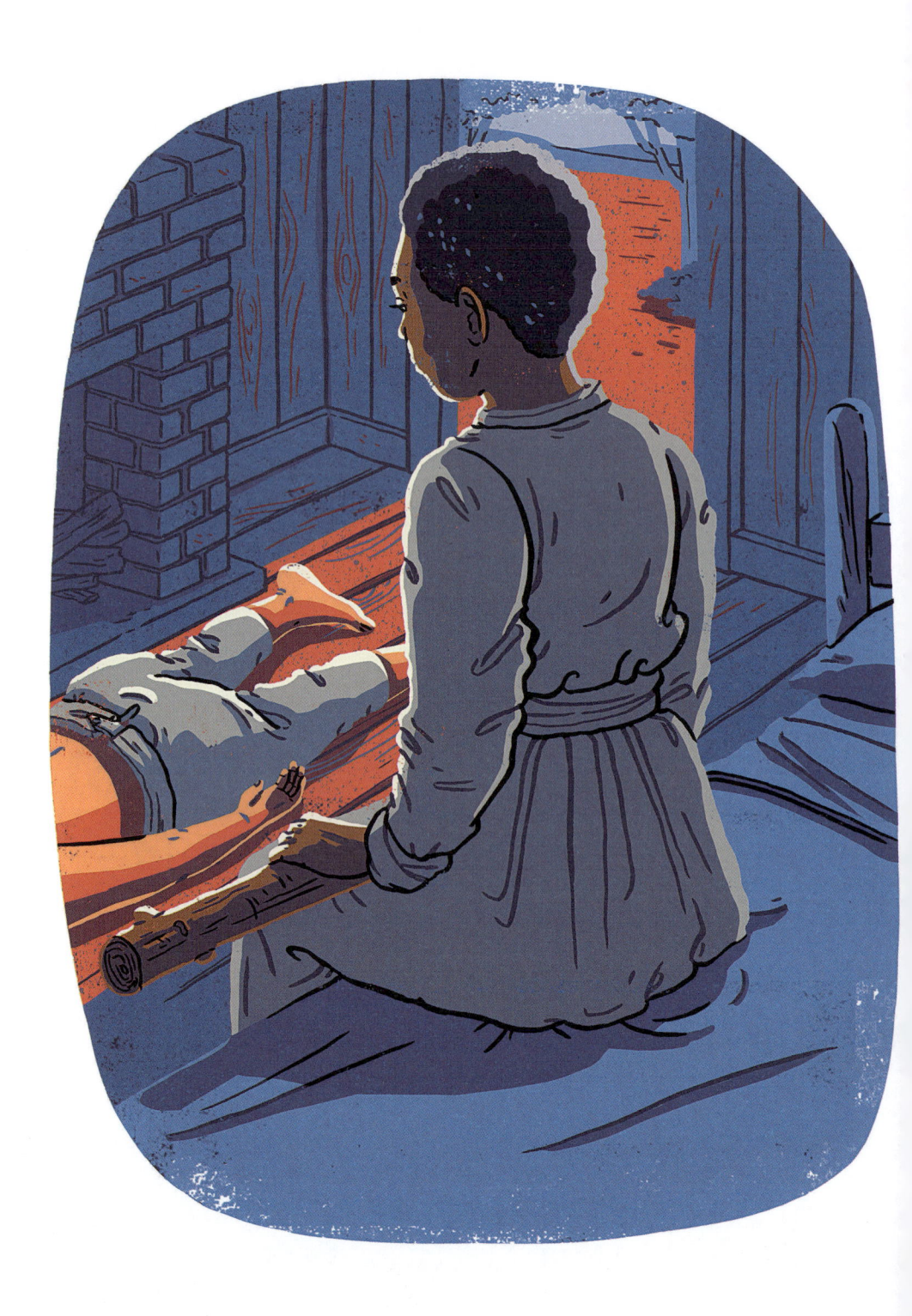

Celia
vingança e espancamento
(circa 1836–1855)

Grande parte da história foi escrita por homens. Homens que se perguntavam: "As mulheres são pessoas? Tipo, como os homens são pessoas — com todos aqueles direitos e tal?". E, com frequência, eles decidiam que "Não". Sobretudo no que diz respeito às mulheres negras dos Estados Unidos.

Celia nasceu escravizada em Audrain County, Missouri. No início da vida, é possível que tenha trabalhado como cozinheira em uma plantação. Em 1850, aos 14 anos, foi comprada por um fazendeiro de 60 anos do Missouri, chamado Robert Newsom. A esposa dele havia falecido no ano anterior e estava ávido por uma parceira sexual.

Ele estuprou Celia logo após a compra, na volta à fazenda. E repetiria o abuso, de forma mais ou menos contínua, pelos cinco anos seguintes. O mais enfurecedor é que não era prática incomum. Um historiador citado na biografia de Celia, escrita por Melton A. McLaurin, observou que "quase toda narrativa conhecida de uma escrava no século XIX se refere, em algum momento, à perene presença da ameaça e à realidade do estupro".[262]

E repetiria o abuso, de forma mais ou menos contínua, pelos cinco anos seguintes.

Celia viria a gerar dois filhos de Newsom nos anos vindouros. Em 1855, ela iniciou uma relação com um homem escravizado que atendia por George, mas que teve vida curta. Celia engravidou de novo e George, aborrecido por ela não saber dizer quem era o pai do bebê, assegurou que "não teria mais nada com ela se não largasse o velho".[263]

Repelir Newsom, Celia não tinha dúvidas, seria quase impossível. A tentativa poderia resultar em um duro castigo físico ou em ser vendida para longe dos filhos. Fugir enquanto estava grávida, com as crianças a reboque seria igualmente difícil. Porém, *não* encontrar um meio de impedir os contínuos abusos de Newsom prejudicaria sua segurança e sua sanidade, além de privá-la do relacionamento com George, que provavelmente era uma rara fonte de felicidade em sua vida.

Celia implorou aos filhos da falecida esposa de Robert que impedissem o pai de estuprá-la. Sendo financeiramente dependentes do pai, ou talvez apenas indiferentes ao apelo de Celia, não fizeram nada. Enfim, em 23 de junho de 1855, ela mesma confrontou Newsom; disse que o atacaria se os abusos continuassem. Ele recusou-se e ainda anunciou que "iria à cabana dela naquela noite".[264]

Então, Celia levou um grande bastão para a cama. Quando Newsom chegou, ela o espancou até a morte. Durante quase uma hora, enquanto Celia pensava no que fazer, ela vigiou o corpo para ter certeza de que seu abusador estava mesmo morto. Por fim, jogou o corpo de Newsom e o bastão na lareira da cabana. Pela manhã, o cadáver havia sido reduzido a um monte de ossos. Ela pagou a um escravo mais novo (em nozes) para tirar aquilo da cabana.

A família de Newsom, então, começou as buscas pelo velho. Foi George quem deu o paradeiro de Celia. Não tenho certeza se George sabia da extensão das ações dela, mas sei que a exigência que ele fez era um dos motivos para Celia estar naquela situação. Tenho certeza de que ele tinha lá suas razões para entregar Celia a família, mas, meu Deus do céu, que coisa horrível de se fazer.

Embora ela, de início, tenha negado ter qualquer conhecimento, não demorou muito para a filha de Robert encontrar os restos da ossada do pai na lareira, assim como os botões da roupa dele.

O julgamento — *Estado do Missouri v. Celia, Uma Escrava* — veio em seguida. Em 1855, a lei determinava que era crime "tomar qualquer mulher ilicitamente e, contra sua vontade ou à força, por ameaça ou coação, compeli-la a ser desonrada".[265] A questão era se esse estatuto se aplicava a mulheres escravizadas. Em caso afirmativo, havia o potencial para derrubar as instituições da escravidão, assim como poderia pavimentar o caminho para garantir às pessoas escravizadas autonomia sobre seus corpos. Caso contrário, Celia seria culpada por homicídio.

Apesar da tentativa da defesa de usar a lei a favor de Celia, o juiz instruiu o júri para presumirem a frase "qualquer mulher" era aplicável somente a mulheres brancas. O júri, constituído apenas por homens brancos, considerou Celia culpada. O juiz ordenou que fosse "enforcada até a morte".[266]

Só então Celia tentou escapar. Ela fugiu da cadeia, mas logo foi capturada. Apesar dos esforços dos abolicionistas, sua sentença foi levada a cabo. Na noite anterior a seu enforcamento, ela afirmou: "Assim que bati nele, o demônio se apossou de mim e bati nele com o bastão até ele morrer".[267]

Não acho que foi o demônio. Celia tinha todo o direito de se defender, porque a despeito do que o juiz e o júri pensavam, ela era uma mulher com direitos sobre o próprio corpo. Saber isso significa que você é humano.

Marie Sukloff

*assassinato e
sangue nas mãos*

(1885–?)

Os judeus foram oprimidos por boa parte da história. Mas, assim como muitos outros povos perseguidos, às vezes, revidavam.

Marie Sukloff retaliou com tudo e mais um pouco.

Ela cresceu em uma fazenda russa muito pobre. Trabalhava em uma pequena mercearia[268] mas se interessava por política. Em 1898, quando os homens de sua localidade entraram em greve reivindicando a jornada diária de 10 horas de trabalho, Marie, com 13 anos, uniu-se aos grevistas, para grande surpresa deles. Depois disso, a filha de um rabino ensinou Marie a ler, além de outros assuntos, como história, geografia e a situação política da Rússia na época.

Durante seus estudos e mais adiante, ao integrar o Partido Socialista Revolucionário, ela veio a saber mais do modo como as pessoas no poder abusavam dos judeus na Rússia. Marie escreveu em sua autobiografia sobre camponeses que passavam fome e eram açoitados ou baleados. Ela fala de como alguns ricos moradores da cidade tentaram enterrar a irmã viva. E de como outros camponeses foram trancados em celeiros e deixados à míngua por não tomarem conta dos animais com a devida atenção. Era uma época brutal.

> **[...] ao integrar o Partido Socialista Revolucionário, ela veio a saber mais do modo como as pessoas no poder abusavam dos judeus na Rússia.**

No livro, Marie conta como Fiódor Dubasov, o governador geral, tinha reputação particularmente hedionda de conduzir pogroms.[*] O Partido Socialista Revolucionário decidiu assassiná-lo, julgando necessário "como resposta a todas as atrocidades que cometeu no vilarejo. Também chegou ao conhecimento do comitê que o governador quer organizar um pogrom contra judeus na cidade de Tchernigoff".[269] Marie queria se envolver no atentado. Ela se preparou e fez "uma lista das vítimas do governador. Li e reli mil vezes as narrativas dos camponeses de seus crimes terríveis e meu coração se condoeu por eles".[270] Ela escreveu que, enquanto esperava, "me sentei perto da janela e olhei para a estrada coberta de neve. Só tinha um pensamento em mente: ele tem de morrer. Todas as dúvidas haviam desaparecido. Eu sabia, eu sentia que ia acontecer".[271]

---

[*] Ataques massivos realizados por perseguição étnica ou religiosa e tolerados pelas autoridades. [NT]

Seu camarada Nikolai jogou a bomba debaixo da carruagem. Antes do atentado, avisou a Marie para manter distância, no caso de algo dar errado e ela precisar seguir com a execução. Foi um sábio conselho. A bomba de Nikolai não explodiu e a polícia, que cavalgava junto à carruagem do Governador, prendeu-o imediatamente. Marie correu adiante com sua bomba, e jogou direto na carruagem, sabendo que isso talvez significasse tanto a morte dela quanto a do governador geral.

Mais tarde, ela contaria: "Uma força terrível instantaneamente me atordoou. Senti que havia sido erguida no ar".[272] Por mais fustigada que possa ter ficado, ela sobreviveu. Após o assassinato, escreveu: "Quando recobrei a consciência e abri os olhos, não havia ninguém em volta. Fiquei deitada na estrada em meio à pilha de destroços. Sangue corria por meu rosto e minhas mãos".[273] O governador Dubasov não acabou tão bem — morreu em decorrência dos ferimentos causados pela bomba.

Marie, como era previsível, acabou na prisão e foi condenada à morte. Via de regra, você não sai impune de bombardeios suicidas, mesmo que tenha uma razão muito boa para eles.

Porém, no caso de Marie, a pena foi comutada em trabalhos forçados na Sibéria. Ela em seguida fugiria e contaria sua história. Seria lembrada não só por suas próprias palavras, mas também pelas do poeta Max Eastman: "A Marie Sukloff — Uma Assassina", ponderando, "Foi o sopro de Deus, Gerando uma salvadora, que a preencheu de Morte?".[274] Talvez tenha sido Deus. Mas sou inclinada a acreditar que o crédito ou a vergonha de ser uma assassina pertencem apenas a Marie.

Shi Jianqiao

planejamento e vingança

(circa 1905–1979)

Não é normal que assassinos preparem um plano de imprensa para, com agilidade e educação, explicar suas ações aos observadores, mas a maioria não consegue ser tão organizada quanto Shi Jianqiao. Embora Shi, provavelmente, se visse menos como assassina bem-sucedida e mais como "boa filha".

Ela nasceu na cidade de Tongcheng, China. Naquela época, era conhecida como Shi Gulan. Seu pai era oficial do exército, fonte de grande orgulho para a família. Shi foi criada para ser uma boa filha chinesa daquele período, o que significava que seus pés eram amarrados e era educada em casa por tutores particulares.[275] Era filha obediente em um lugar e em uma época em que ser assim era extremamente importante.

Shi Jianqiao poderia facilmente ter se transformado em uma boa esposa e mãe, e passaria longe de ser lembrada pela história, se o pai dela não tivesse encontrado um déspota que atendia por Sun Chuanfang durante a batalha em 1925. Jérôme Bourgon, um pesquisador do Institut d'Asie Orientale, registra que Sun Chuanfang "incorporava as piores afrontas dos déspotas: repressão feroz das greves dos trabalhadores em Xangai, tráfico de ópio e colaboração com os japoneses".[276]

Como oficial militar, Shi Congbin, o pai de Shi Jianqiao, foi decapitado por Sun Chuanfang, e sua cabeça colocada na estaca e exibida em uma estação ferroviária local. Sua filha ficou horrorizada — e tomada por passional desejo de vingança. Ela levaria dez anos para colocar seu plano em prática.

De início, Shi tinha esperança de que seus parentes homens vingassem a morte.[277] Ela se casou com Shi Jinggong, esperando que ele cumprisse o plano.[278] Porém, percebeu que o dever era dela. Durante esses anos, mudou seu nome para Shi Jianqiao, cujos ideogramas significam "espada erguida".

Em 1935, ela matriculou o filho na mesma escola do filho de Sun Chuanfang. A partir dali, foi fácil obter mais informações sobre sua rotina, como que ele frequentava com regularidade o templo budista. Ela o seguiu e atirou enquanto ele fazia suas preces.

E então, ela imediatamente distribuiu panfletos:

Senhores, tomem conhecimento:

1. Hoje, Shi Jianqiao (nome de batismo Shi Gulan) assassinou Sun Chuanfang para vingar a morte de seu pai, Shi Congbin.

2. Para detalhes concretos da situação, favor consultar Gao guoren shu.

3. Eu realizei a grande vingança e vou imediatamente me entregar aos tribunais.

4. Por espalhar sangue nas paredes do templo budista e por ter chocado a todos, minhas mais profundas desculpas.

— A vingadora, Shi Jianqiao[279]

O quarto item é tão educado quanto a assinatura é casca-grossa.

Nos panfletos, ela também incluiu um poema sobre sua dedicação a vingar o pai, escrito no clássico estilo chinês de versos com sete ideogramas.

Não ouso esquecer a vingança de meu pai por um só momento;
Parte meu coração ver as têmporas de minha mãe ficarem gris.
Sou repugnante por deixar que ela continue a sofrer,
A oportunidade não deve ser desperdiçada.
Não posso suportar olhar para dez anos atrás.
As coisas continuaram iguais, apenas o cenário mudou.
Chego à Sociedade não para encontrar Buda, busco a morte,
não a imortalidade.[280]

O povo amou as mensagens. Além disso, amou Jianqiao. Embora o julgamento tenha sido prontamente realizado em 21 de novembro de 1935, oito dias após o assassinato, e houvesse poucas dúvidas sobre quem havia matado Sun Chuanfang, Shi Jianqiao foi retratada em grande parte de forma positiva. O professor Qiliang He escreveu: "Shi Jianqiao conseguiu se pintar como a cavaleira errante que vingou a morte do pai para defender a ideia de piedade filial patrocinada pelo estado".[281]

Shi foi perdoada e retratada como heroína em poemas, histórias e romances. Ela se tornou um símbolo de honra altamente admirado e foi eleita vice-presidente da Federação de Mulheres de Suzhou em 1949, quinze anos após o crime. Levou uma vida pacífica até sua morte, por causas naturais, em 1979.

Então, se você for matar alguém, pelo menos escreva um belo poema antes.

Virginia Hall

assassinato e captura de nazistas

(1906–1982)

Virginia Hall não parecia o "espião mais perigoso" da Grã-Bretanha. Era estadunidense, mulher e amputada. No entanto, nenhuma dessas características a impediu de matar 150 nazistas e capturar mais quinhentos.

Virginia nasceu em Maryland, em família rica. O pai era banqueiro, além de proprietário de cinemas; a mãe era descrita como "esnobe".[282] Essa característica não servia para definir Virginia. Desde o começo da vida, ela foi *incrível*. Uma vez, Virginia foi para a escola com um bracelete feito de cobras vivas.[283] Amava caçar e muito cedo ganhou uma arma do pai. Estudou francês na Universidade George Washington e esperava se tornar diplomata. Era um objetivo desalentador, pois após se candidatar ao trabalho no Corpo

Diplomático, descobriu que apenas seis dos 15 mil oficiais eram mulheres.[284] Infelizmente, Virginia não seria uma delas, mas conseguiu garantir trabalho como atendente na embaixada estadunidense em Varsóvia.

Da Polônia, ela se transferiu para a embaixada na Turquia. Lá, aos 27 anos, sua perna foi amputada por conta de uma gangrena desenvolvida em acidente de caça. Embora tenha sido uma experiência aterrorizante, Virginia lidou com o incidente com desembaraço, batizando a prótese de "Cuthbert".[285]

Sua preferência era, como ela chamava, "as pílulas", cápsulas de cianureto que, se quebradas e ingeridas, matam em 45 segundos.

Quando os nazistas ascenderam ao poder, em 1939, Virginia tentou se voluntariar para a divisão feminina do exército britânico, mas disseram que ela não era uma boa candidata, talvez devido a ausência de uma perna. Mas Cuthbert não a impediu de ir para a França e guiar ambulâncias para os franceses durante a invasão nazista. Depois que a França caiu, ela entrou em contato com a seção do Serviço Secreto Britânico conhecida como SOE (sigla em inglês de Executiva de Operações Especiais). Seu propósito era, de acordo com Winston Churchill, "tacar fogo na Europa"[286] por meio da espionagem e da subversão de pessoas nascidas no continente. Virginia implorou para se unir a eles. A agência, a princípio, não aceitava a entrada de mulheres, mas depois de seis meses, ainda não havia agentes na França. Virginia prometeu ser, ao menos, não muito suspeita. Então, com a história de fachada de que era repórter do *New York Post*, conseguia inserir mensagens codificadas nas matérias, e se tornou uma rara agente feminina da SOE.

Um operativo foi designado como parceiro de Virginia, mas ela o dispensou para se concentrar em auxiliar membros da Resistência Francesa. Operando sob o nome de campo Germaine Lecontre, foi treinada para matar.

Sua preferência era, como ela chamava, "as pílulas",[287] cápsulas de cianureto que, se quebradas e ingeridas, matam em 45 segundos. Ela também estava preparada para ingeri-las, caso fosse capturada pelos nazistas. Suas chances de sobrevivência eram estimadas em 50%.

Ela sobreviveu. Durante o tempo que passou na França, trabalhou com prostitutas da região, que reviravam os bolsos dos clientes alemães atrás de documentos e informações que Virginia pudesse fotografar. As "amigas piranhas"[288] também se provaram úteis ao acolherem aviadores britânicos abatidos; Virginia então os ajudava a saírem da França ocupada pelos nazistas.

Recém-chegados à SOE recorriam a Virginia para "pegar o jeito da coisa". Ela ficava feliz em ajudar. Chegou até mesmo a auxiliar vários dos colegas agentes a escaparem da prisão em 1942. Após catorze meses de operação, os líderes nazistas a declararam "a mais perigosa dos espiões aliados"[289] e ofereceram recompensa por sua captura. Klaus Barbie, líder da Gestapo, declarou: "Eu daria qualquer coisa para pôr minhas mãos naquela vaca manca canadense!".[290] Seria uma evidência das habilidades de Virginia o fato de ele nem mesmo saber a nacionalidade dela?

Dada sua notoriedade, Virginia foi forçada a fugir da França, uma árdua jornada de oitenta quilômetros até a Espanha, atravessando as montanhas a pé. Ela escreveu aos seus superiores que Cuthbert podia ser fatigante e, sem conhecimento do nome carinhoso para a perna artificial, responderam via telégrafo: "Se Cuthbert é fatigante, elimine-o".[291]

Virginia ficou insatisfeita na Espanha: "Estou levando uma vida agradável e perdendo tempo. Não está valendo a pena e, no fim das contas, meu pescoço não está em perigo".[292] Então, ela voltou à França, logo antes do Dia D, dessa vez trabalhando para o OSS (sigla em inglês para o Gabinete de Serviços Estratégicos dos EUA). Ela se disfarçou como uma velha leiteira, para que seu manquejar fosse confundido com o passo de senhora idosa. A *Smithsonian Magazine* menciona que, nesse período, "Hall declarou que sua equipe havia destruído quatro pontes, descarrilado trens de carga, sabotado em vários pontos uma linha ferroviária importante e derrubado cabos telefônicos. Também foram creditados pela morte de cerca de 150 alemães e pela captura de mais quinhentos".[293]

Após a guerra, Virginia continuou a ser uma presença um tanto quanto vaga. Recusou a maioria das entrevistas e não gostava de conversar da época como espiã. Contudo, recebeu algumas das mais altas honrarias de guerra possíveis de três diferentes países — a Cruz pela Distinção em Serviço dos Estados Unidos, a *Croix de Guerre* da França *e também* um MBE (Membro da Ordem do Império Britânico) no Reino Unido. Mais tarde, se uniu à CIA, mas dessa vez para serviços internos, que exigiam menos esforço de Cuthbert. Aposentou-se em 1966.

Sua memória perdura entre os povos franceses e britânicos, cujos embaixadores em Washington realizaram uma cerimônia no 100° aniversário de seu nascimento, em 2006, a fim de honrá-la como "verdadeira heroína da resistência francesa".[294] A CIA também deu seu nome a uma instalação de treinamento para agentes de campo.

Após se aposentar, morou em uma fazenda com o marido, que também havia sido operativo da OSS, até a morte, em 1982. Espero que nesses anos finais tenha conseguido "levar uma vida agradável" sem ficar entediada, sentindo-se confortada pelo grande número de pessoas inspiradas e auxiliadas por ela.

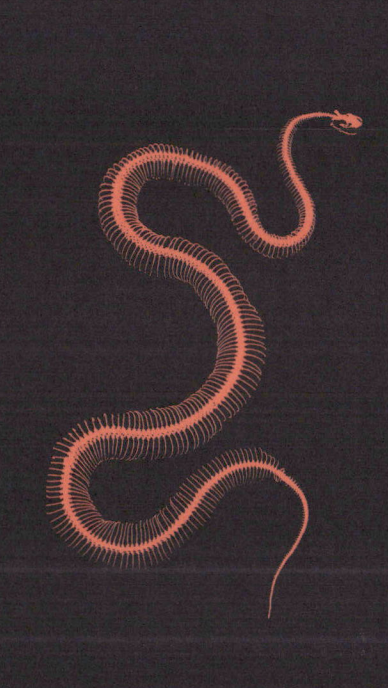

Freddie Oversteegen

assassinato de nazistas e resgate de crianças judias

(1925–2018)

Se ao pensar em "pessoas que mataram nazistas", você imagina caras durões como o Indiana Jones, você está por fora. Em vez disso, pense em Freddie Oversteegen. Essa holandesa tinha apenas 14 anos quando ela e Truus, sua irmã de 16 anos, se uniram ao movimento de resistência na Segunda Guerra Mundial. O comportamento juvenil de Freddie — usava belas tranças e andava de bicicleta pela cidade — a tornavam discretíssima.[295] Os nazistas que ocuparam sua cidade natal de Schoten não se deram conta de que tinha uma arma na cesta da bicicleta e ela estava totalmente preparada para matar.

Mesmo antes de se unir à resistência, a família Oversteegen havia escondido judeus dos nazistas. Após a invasão alemã da Holanda em 1940, sua mãe se certificou de que as meninas "aprendessem que, se precisassem ajudar alguém, como refugiados, será necessário fazer sacrifícios".[296] Ela contou a *Vice Netherlands* que, mesmo em sua pouca idade, "sabia muito sobre o que estava acontecendo". De bicicleta, ela ajudou a mãe e a irmã a distribuir panfletos da resistência. E quando encontrou pôsteres encorajando os homens a se unirem ao exército alemão, colocou avisos em cima dos anúncios (basicamente dizendo "não é uma boa ideia").

> **Os nazistas que ocuparam sua cidade natal de Schoten não se deram conta de que tinha uma arma na cesta da bicicleta e ela estava totalmente preparada para matar.**

Então, não foi surpresa quando um comandante do Grupo Haarlem de Resistência pediu a permissão da sra. Oversteegen para que suas filhas se unissem ao grupo. Ela concedeu. Na época, Freddie tinha apenas 16 anos. Naquele movimento clandestino, havia apenas três jovens mulheres — Freddie, Truus e Hannie Schaft, que foi morta antes do fim da guerra. Juntas, elas ajudaram a resgatar crianças judias, explodiram trilhos de trem e, é claro, mataram nazistas. Quando o líder da resistência disse às irmãs que iriam "aprender a atirar, a atirar em nazistas", Freddie, ao menos inicialmente, respondeu com entusiasmo: "Bom, está aí uma coisa que nunca fiz!".[297]

As bicicletas que as irmãs haviam usado para distribuir panfletos se provariam muito úteis. Elas permitiam às meninas que atirassem nos nazistas e, logo depois, saíssem em disparada. Em alguns casos, elas se encontravam com nazistas em bares e sugeriam que fizessem uma caminhada romântica na mata. Quando chegavam em um local isolado, atiravam nos homens. Freddie foi a primeira das irmãs a matar. Com relação a quantas vezes, disse apenas: "Não se pergunta isso a um soldado".[298]

As ações das Oversteegen as deixavam tristes e abaladas, mas elas nunca se arrependeram. Freddie afirmou que "Tinha de ser feito. Era um mal necessário, matar aqueles que haviam traído as pessoas boas". Truus afirmou que pensava na morte dos nazistas como "[quem] remove tumores da sociedade".[299] Houve quem dissesse que matar é errado em qualquer circunstância, ao que Freddie respondia (e gosto de imaginar que dizia impaciente): "E quanto aos 6 milhões de judeus? Eles não eram inocentes? Matá-los não era um ato de retaliação. Não éramos terroristas. O verdadeiro ato de terror foi o sequestro e a execução de pessoas inocentes".[300] Quando perguntavam como seguiu a vida após suas ações e superou o trauma, ela respondia: "Me casando e tendo filhos".[301]

Se há uma diferença entre as irmãs Oversteegen e os homens do filme *Bastardos Inglórios* não é o fato de elas serem mulheres. É o fato de que elas existiram.

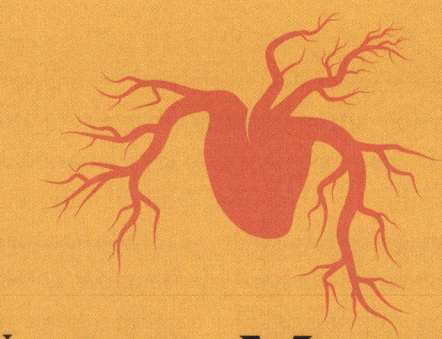

Notas Mortais

Seção 01: Psicopatas

Elizabeth Báthory

1. LEWIS, Brenda Ralph. *The Untold History of the Kings and Queens of Europe*. Nova York: Cavendish Square, 2016, p.29.
2. PENROSE, Valentine; Trocchi, Alexander. *The Bloody Countess: Atrocities of Elizabeth Báthory*. Londres: Calder Publications, 1970, p.43.
3. EDITORS, History.com. 1610 — Bathory's Torturous Escapades Are Exposed. Disponível em: https://www.history.com/this-day-in-history/bathorys-torturous-escapades-are-exposed. Acesso em: 13 nov. 2009.
4. LEWIS, Brenda Ralph. *The Untold History of the Kings and Queens of Europe*. Nova York: Cavendish Square, 2016, p.38.

Delphine LaLaurie

5. MARJORIBANKS, Alexander. *Travels in North and South America*. Nova York: D. Appleton and Co., 1853, p.365.
6. LONG, Carolyn Morrow. *Madame LaLaurie, Mistress of the Haunted House*. Gainesville: University Press of Florida, 2012, pos. 3154 de 5465, Kindle.
7. MARTINEAU, Harriet. *Retrospect of Western Travel vol. 2*. Londres: Saunders and Oatley, 1838, p. 53.

"Jolly Jane" Toppan

8. VRONSKY, Peter. *Female Serial Killers: How and Why Women Become Monsters*. Nova York: Berkley Publishing Group, 2007, p.122.
9. Ibid., p.128.

10. DARBY, Nell. "Jolly Jane: (Mis)understanding a Female Serial Killer". Disponível em: http://www.criminalhistorian.com/jolly-jane-misunderstanding-a-female-serial-killer/. Acesso em: 14 abr. 2009.
11. "Jolly Jane Toppan, the Killer Nurse Obsessed with Death". New England Historical Society. Disponível em: http://www.newenglandhistoricalsociety.com/jolly-jane-toppan-killer-nurse-obsessed-death/. Última atualização: 2020.
12. VRONSKY, Peter. *Female Serial Killers: How and Why Women Become Monsters*. Nova York: Berkley Publishing Group, 2007, p.134.

Clementine Barnabet

13. "Brutal Murder of Negro Family Discovered in West Crowley". *The Daily Signal*: Crowley, LA, 26 de janeiro de 1911. Disponível em: https://www.newspapers.com/clip/12761103/the_daily_signal/.
14. GAUTHREAUX, Alan G.; HIPPENSTEEL, D. G. *Dark Bayou: Infamous Louisiana Homicides*. Jefferson, NC: McFarland and Company, 2016, p.57.
15. "Ask Commission to Examine Ax Woman". *The Crowley Signal*: Crowley, LA, 26 de outubro de 1912.
16. BOVSUN, Mara. "Who Do the Voodoo and the Church of Sacrifice". *New York Daily News*, 9 de junho de 2019. Disponível em: https://www.nydailynews.com/news/crime/ny-justice-story-ax-woman-20190609.
17. "Bloody Cult Confesses to Murder of Forty Negroes". *The Mitchell Commercial*. Mitchell, IN, 11 de abril de 1912. Disponível em: https://newspaperarchive.com/mitchell-commercial-apr-11-1912-p-1/.

18. GAUTHREAUX, Alan G.; HIPPENSTEEL, D. G. *Dark Bayou: Infamous Louisiana Homicides*. Jefferson, NC: McFarland and Company, 2016, p.63.

Irma Grese

19. WILLMOTT, Lauren. "The Real 'Beast of Belsen'? Irma Grese and Female Concentration Camp *Guards*". *History Today*, 1 de junho de 2015. Disponível em: https://www.historytoday.com/history-matters/real-beast-belsenirma-grese-and-female-concentration-camp-guards.
20. "Auschwitz: Inside the Nazi State, 'Corruption'". PBS. Disponível em: https://www.pbs.org/auschwitz/about/transcripts_4.html. Acesso em: 16 jan. 2021.
21. Ibid.
22. FENÉLON, Fania, *Playing for Time*. Syracuse, NY: Syracuse University Press, 1997.
23. "Auschwitz: Inside the Nazi State, 'Corruption'". PBS. Disponível em: https://www.pbs.org/auschwitz/about/transcripts_4.html. Acesso em: 16 jan. 2021.
24. "Belsen Woman Guard Shot Two Women". *The Berkshire Eagle*: Berkshire County, MA, 25 de setembro de 1945.
25. SOUTHERN, Cynthia. "Irma Grese: The Blonde Beast of Birkenau and Belsen". *Warfare History Network*, 29 de dezembro de 2018. Disponível em: https://warfarehistorynetwork.com/2018/12/29/irma-grese-the-blonde-beast-of-birkenau-and-belsen/.
26. "Eleven Executed as British Chief Denies Appeals". *Chippewa Falls Herald*. Chippewa Falls, WI, 14 de dezembro de 1945.

Descubra como identificar uma real psicopata

27. RONSON, Jon. *The Psychopath Test: A Journey Through the Madness Industry*. Nova York: Riverhead Books, 2012, p.117.

28. Ibid., p.112.
29. BURKLEY, Melissa. "3 Key Traits That May Be Red Flags for Psychopathy". *Psychology Today*, 8 de janeiro de 2018. Disponível em: https://www.psychologytoday.com/us/blog/the-social-thinker/201801/3-key-traits-may-be-redflags-psychopathy.
30. FOULKES, Lucy. "The Psychopath in You". *The Guardian*, 10 de junho de 2016. Disponível em: https://www.theguardian.com/science/head-quarters/2016/jun/10/the-psychopath-in-you-psychopathic-traits-spectrum.
31. RONSON, Jon. *The Psychopath Test: A Journey Through the Madness Industry*. Nova York: Riverhead Books, 2012, p. 99.
32. FOULKES, Lucy. "The Psychopath in You". *The Guardian*, 10 de junho de 2016. Disponível em: https://www.theguardian.com/science/head-quarters/2016/jun/10/the-psychopath-in-you-psychopathic-traits-spectrum.
33. FOSTER, Ally. "The Common Trait That People with 'Dark' Tendencies Share". *News.com.au*, 28 de setembro de 2018. Disponível em: https://www.news.com.au/lifestyle/health/mind/the-common-trait-that-peoplewith-dark-tendencies-share/news-story/91327ebb058c62cf6d5125696ca4425c.
34. BERING, Jesse. "The Problem with Psychopaths: A Fearful Face Doesn't Deter Them", *Scientific American*, 29 de setembro de 2009.
35. FOSTER, Ally. "The Common Trait That People with 'Dark' Tendencies Share". *News.com.au*, 28 de setembro de 2018. Disponível em: https://www.news.com.au/lifestyle/health/mind/the-common-trait-that-peoplewith-dark-tendencies-share/news-story/91327ebb058c62cf6d5125696ca4425c.
36. RONSON, Jon. *The Psychopath Test: A Journey Through the Madness Industry*. Nova York: Riverhead Books, 2012, p.114.

Seção 02: Víboras

Locusta de Gaul

37. TACITUS. The Annals. Nova York: The Modern Library, 1942, Livro XIII, p.15.
38. CÁSSIO, Dião. *Livro LXIII*. Loeb Classical Library. Cambridge, MA: Harvard University Press, 1925, p.63.3.

Giulia Tofana

39. CARLTON, Genevieve Carlton. "Meet the Woman Who Poisoned Makeup to Help Over 600 Women Murder Their Husbands". *Weird History*, Medium, 2 de março de 2018. Disponível em: https://medium.com/@editors_91459/

meetthe-woman-who-poisoned-makeup-to-help-over-600-women-murder-their-husbands-cfb-03929c36d.

40. "Aqua Tofana". Extraído do *British Medical Journal*, 25 de dez. 1909, Medical Review of Reviews 16 (1910): 103. Disponível em: https://babel.hathitrust.org/cgi/pt?id=mdp.39015011417097&view=1up&seq=109.

41. RAUF, Don. *Historical Serial Killers*. Nova York: Enslow Publishing, 2015, p.57.

42. "Tofana, the Italian Poisoner". *Ballou's Monthly Magazine*, volume 72, Julho-Dezembro de 1890, 309-11. Disponível em: https://babel.hathitrust.org/cgi/pt?id=nyp.33433081756086&view=1up&seq=319.

43. "Beckmann's A History of Inventions and Discoveries". *The Quarterly Review*, volume 28. Londres: John Murray, 1816, 423, https://books.google.co.uk/.

44. DASH, Mike. "Aqua Tofana: Slow-Poisoning and Husband-Killing in 17th-Century Italy". *A Blast from the Past*, 6 de abril de 2015. Disponível em: https://mikedashhistory.com/2015/04/06/aqua-tofana-slow-poisoning-and-husband-killing-in-17th-century-italy/.

45. CARLTON, Genevieve Carlton. "Meet the Woman Who Poisoned Makeup to Help Over 600 Women Murder Their Husbands". *Weird History*, Medium, 2 de março de 2018. Disponível em: https://medium.com/@editors_91459/meetthe-woman-who-poisoned-makeup-to-help-over-600-women-murder-their-husbands-cfb03929c36d.

46. STUART, David. *Dangerous Garden: The Quest for Plants to Change Our Lives*. Cambridge, MA: Harvard University Press, 2004, p.120.

Catherine Monvoisin

47. SOMERSET, Anne. *The Affair of the Poisons: Murder, Infanticide, and Satanism at the Court of Louis XIV*. Nova York: St Martin's Press, 2014, p.152.

48. Ibid.

49. RAUF, Don. *Historical Serial Killers*. Nova York: Enslow Publishing, 2015, p.59.

Christiana Edmunds

50. "Case of the Poisoned Candy". *San Francisco Examiner*, 28 de jan. 1951.

51. SHARIATMADARI, David. "Arsenic Was Their Poison — We Have Tobacco, Guns and Sugar". *The Guardian*, 18 de março de 2016. Disponível em: https://www.theguardian.com/commentisfree/2016/mar/18/poison-arsenic-gun-control-crime.

52. *The Pall Mall Gazette*. Londres, 24 de jan. 1872.

Tillie Klimek

53. DAVIDSON, Cara. *Black Widow Tillie Klimek*. CreateSpace Independent Publishing Platform, 2016, pos. 53 de 284, Kindle.

54. Ibid., pos. 80.

55. TELFER, Tori. "Lady Killers: Tillie Klimek, High Priestess of the Bluebeard Clique". *Jezebel*, 7 de janeiro de 2015. Disponível em: https://jezebel.com/lady-killers-tillie-klimek-high-priestess-of--the-blue-1677860528.

56. Ibid.

57. MCNAMARA, Joseph. "Black Widow Killing". *New York Daily News*, 13 de set. 1992.

58. "Hostess of Poison Banquets Gets Life for Her Crimes". *New York Daily News*, 5 jul. 1925.

59. Ibid.

60. CIMINO, Al. *Women Who Kill: A Chilling Casebook of True-Life Murders*. Londres: Arcturus Publishing, 2019, cap. 28.

Envenenamento de maridos

61. ACOCELLA, Joan. "Murder by Poison". *New Yorker*, 7 out. 2013. Disponível em: https://www.newyorker.com/magazine/2013/10/14/murder-by-poison.

62. LINDLEY, Robin. "Arsenic: Victorians' Secret". *Crosscut*, 2 set. 2010. Disponível em: https://crosscut.com/2010/09/arsenic-victorians-secret.

63. CLARK, Richard. "Arsenic poisoning". *Capital Punishment UK*. Disponível em: http://www.capitalpunishmentuk.org/arsenic.htm. Acesso em: 16 jan. 2021.

64. LINDLEY, Robin. "Arsenic: Victorians' Secret". *Crosscut*, 2 set. 2010. Disponível em: https://crosscut.com/2010/09/arsenic-victorians-secret.

65. HEMPEL, Sandra. *The Inheritor's Powder: A Tale of Arsenic, Murder, and the New Forensic Science*. Nova York: W.W. Norton Co., 2014, p.27.

66. KNELMAN, Judith. "The Amendment of the Sale of Arsenic Bill". *Victorian Review 17*, n. 2, inverno de 1991. Disponível em: https://www.jstor.org/stable/27794686?seq=1.

67. DOYLE, Derek. "Notoriety to Respectability: A Short History of Arsenic Prior to Its Present Day Use *in Haematology*". British Journal of Haematology *145*, n. 3, 6 abr. 2009. Disponível em: https://doi.org/10.1111/j.1365-2141.2009.07623.x.

Seção 03: De Família

Lizzie Borden

68. HUGHES, Sarah. "She Gave Her Mother 40 Whacks: The Lasting Fascination with Lizzie Borden". *The Guardian*, 3 de dezembro de 2016. Disponível em: https://www.theguardian.com/books/2016/dec/04/lizzie-borden-40-whacks-lasting-fascination.

69. "Not Guilty". *The Boston Globe*, 21 jun. 1893.

70. "Lizzie Borden's Isolated Life After Her Murder Trial". Biography.com, 23 de maio de 2019. Disponível em: https://www.biography.com/news/lizzie-borden-life-after-murder-trial.

71. "Condemned by Public Opinion". *The Standard*. Lykens, PA, 25 abr. 1913.

Leonarda Cianciulli

72. FLOWERS, R. Barri. *Masters of True Crime: Chilling Stories of Murder and the Macabre*. Nova York: Prometheus Books, 2012, p.87.

73. "Rendered Her Friends to Wax, She Says, Gypsy Tale Fulfilled". *Baltimore Sun*, 28 abr. 1946.

74. "Rendered Friends to Wax". *Baltimore Sun*.

75. Ibid.

76. "The Correggio Soap-Maker". *Museo Criminologico*, 12 set. 2006. Disponível em: https://web.archive.org/web/20060912155116/http://www.museocriminologico.it/correggio_uk.htm.

Christine & Lea Papin

77. "Can France Go Through with the Guillotine for Its Most Brutal Murderess?". *The Semi-Weekly Spokesman Review*. Spokane, WA, 17 dez. 1933.

78. "After Years of Ill Treatment They Abruptly Turn On Their Mistress, Kill Her". *Pittsburgh Sun-Telegraph*. Pittsburgh, PA, 6 jan. 1935.

79. Ibid.

80. BIRCH, Helen. *Moving Targets: Women, Murder, and Representation*. Berkeley: University of California Press, 1994, p.8.

81. "Guillotine for Brutal Murderess?". *The Semi-Weekly Spokesman Review*.

Susan Atkins

82. GENTRY, Curt; BUGLIOSI, Vincent. "The Manson Murders: A Jesus Christ Like Person to Me". *York Daily Record*. York, PA, 4 fev. 1975.

83. Ibid.

84. Ibid.

85. "Susan Atkins Tells Jury of Murders". *The Atlanta Constitution*, 23 fev. 1975.

86. Associated Press. "Susan Atkins Fails to Get Parole in Tate Killing". *Los Angeles Times*, 29 dez. 2000, Disponível em: https://www.latimes.com/archives/la-xpm-2000-dec-29-mn-5953-story.html.

87. Times Staff Reports. "Remembering Charles Manson's Victims". *Los Angeles Times*, 20 nov. 2017.

Mulheres líderes de seitas

88. Australian Associated Press. "Family Cult Leader Anne Hamilton-Byrne Dead at 98". *The Guardian*, 14 jun. 2019. Disponível em: https://www.theguardian.com/world/2019/jun/14/family-cult-leader-anne-hamiltonbyrne-dead-at-98.

89. "Children 'Sacrificed' to Mexico's Cult of Saint Death". *The Telegraph*. Londres, 31 mar. 2012. Disponível em: https://www.telegraph.co.uk/news/worldnews/centralamericaandthecaribbean/mexico/9177633/Childrensacrificed-to-Mexicos-cult-of-Saint-Death.html.

90. COLE, Clarissa. "Move Over Manson. There's a New Cult Leader in Town". *The Criminal Code*, 21 nov. 2017. Disponível em: https://www.thecriminalcode.com/index.php/2017/11/21/move-over-manson-theresa-new-cult-leader-in-town/.

91. "Brazilian Court Acquits Alleged Satanic Cult Leader in Murder Trial — 2003-12-06". *VOA News*, 30 out. 2009. Disponível em: https://www.voanews.com/archive/brazilian-court-acquits-alleged-satanic-cultleader-murder-trial-2003-12-06.

Seção 04: Viúvas Cruéis

Marie Lafarge

92. HEMPEL, Sandra. *The Inheritor's Powder: A Tale of Arsenic, Murder, and the New Forensic Science*. Nova York: W.W. Norton Company, 2013, p.198.
93. "World Famous Police Mysteries, the Case of Madame LaFarge". *Washington Post*, 18 dez. 1910.
94. Ibid.
95. "Great French Mysteries". *McClure's Magazine*, 11 nov. 1911.
96. "World Famous Police Mysteries, the Case of Madame LaFarge". *Washington Post*, 18 dez. 1910.
97. HEMPEL, Sandra. *The Inheritor's Powder: A Tale of Arsenic, Murder, and the New Forensic Science*. Nova York: W.W. Norton Company, 2013, p.199.
98. Ibid.
99. Ibid., p. 201.

Mary Elizabeth Wilson

100. REINOLDS, Ruth. "The Merry Widow of Windy Nook Went to Trial for Murder". *Chicago Tribune*, 31 ago. 1958.
101. Ibid.
102. Ibid.
103. "Jokes Prove Dangerous". *The Province*. Vancouver, BC, 5 abr. 1958.
104. Ibid.
105. "Windy Nook Widow Suspect". *Pawhuska Journal-Capital*. Pawhuska, OK, 12 dez. 1957.
106. REINOLDS, Ruth. "The Merry Widow of Windy Nook Went to Trial for Murder". *Chicago Tribune*, 31 ago. 1958.

Linda Calvey

107. CAMPBELL, Duncan. "From Professional Armed Robber to the 'Black Widow': The Story of Linda *Calvey*". *The Byline Times*, 27 ago. 2019. Disponível em: https://bylinetimes.com/2019/08/27/from-professional-armed-robber-to-the-black-widow-the-story-of-linda-calvey/.
108. BROOKE, Mike. "'Black Widow' Robber Linda Calvey Tells Why She Couldn't Have Shot Dead *Brink's-Mat Raider Ron Cook*". The Docklands and East London Advertiser, 6 de jul. 2019. Disponível em: https://www.eastlondonadvertiser.co.uk/news/heritage/black-widow-book-launch-by-author-linda-calvey-1-6145768.
109. KRAY, Kate. *Killers: Britain's Deadliest Murderers Tell Their Stories*. Londres: King's Road Publishing, 2014, p.108.
110. BROOKE, Mike. "'Black Widow' Robber Linda Calvey Tells Why She Couldn't Have Shot Dead *Brink's-Mat Raider Ron Cook*". The Docklands and East London Advertiser, 6 de jul. 2019. Disponível em: https://www.eastlondonadvertiser.co.uk/news/heritage/black-widow-book-launch-by-author-linda-calvey-1-6145768.
111. KRAY, Kate. "Natural Born Killers". Adaptado por Mike Ridley. *The Free Library*, 2000, https://www.thefreelibrary.com/
112. Ibid.
113. Ibid.
114. JOHNSTON, Jenny. "Would You Marry the Black Widow? Ex-gangster Linda Calvey Finds a New Fiancé". *Daily Mail*, 18 dez. 2008. Disponível em: https://www.dailymail.co.uk/femail/article-1097064/Would-marry-black-widow-Ex-gangster-Linda-Calvey-finds-new-fiance.html.

Para obter o divórcio

115. WOOD, Margaret. "Marriage and Divorce 19th Century Style". *In Custodia Legis*, Biblioteca do Congresso, 23 fev. 2018. Disponível em: https://blogs.loc.gov/law/2018/02/marriage-and-divorce-19th-century-style/.
116. NORTON, Caroline Elizabeth Sarah. *A Letter to the Queen on Lord Chancellor Cranworth's Marriage and Divorce Bill*. Londres: Longman, Brown, Green and Longmans, 1855. Disponível em: http://digital.library.upenn.edu/women/norton/alttq/alttq.html.
117. KOMOROWSKI, Jennifer. "Exposing the Monsters Behind Victorian Domestic Abuse". Artigo do Prêmio Universitário, Western University, 2014. Disponível em: https://ir.lib.uwo.ca/cgi/viewcontent.cgi?article=1007&context=ungradawards_2014.

Seção 05: Humilhadas

Darya Saltykova

118. TELFER, Tori. *Lady Killers: Assassinas em Série.* Tradução de Daniel Alves da Cruz e Marcus Santana. Rio de Janeiro: DarkSide Books, 2019, p.143.
119. "Saltychikha (Saltykova Daria Nikolaeva)". *History of Russia, World History*. Disponível em: http://www.istorya.ru/person/saltychiha.php. Acesso em: 16 jan. 2021.
120. Ibid.
121. YURCHENKO, Vera. "Memorial". *Montgomery Advertiser*. Montgomery, AL, 22 jun. 2018.
122. TOLSTOY, Leo. *War and Peace*. Oxford: Oxford University Press, 2010, p.1309.

Laura Fair

123. "The Story of Laura Fair". *The Elk County Advocate*. Ridgway, PA, 25 maio 1871. Disponível em: https://chroniclingamerica.loc.gov/lccn/sn84026259/1871-05-25/ed-1/seq-4/.
124. DUKE, Thomas S. *Celebrated Criminal Cases of America*. São Francisco: James H. Barry Company, 1910, p.67.
125. KAMIYA, Gary. "The Case of Laura Fair, San Francisco 1870". *SFGate*, 28 jun. 2014. Disponível em: https://www.sfgate.com/crime/article/The-case-of-Laura-Fair-San-Francisco-1870-5585715.php.
126. GOLDMAN, Marion S. Goldman. *Gold Diggers & Silver Miners: Prostitution and Social Life on the Comstock Lode.* Ann Arbor: University of Michigan Press, 1981, p.86.
127. HABER, Carole. *The Trials of Laura Fair: Sex, Murder, and Insanity in the Victorian West.* Chapel Hill: University of North Carolina Press, 2013, pos. 210 de 310, Kindle.
128. Ibid., pos. 210.
129. "Daughter of Noted Beauty". *Los Angeles Times*, 7 fev. 1913.
130. DUKE, Thomas S. *Celebrated Criminal Cases of America*. São Francisco: James H. Barry Company, 1910, p.67.

Maria Barbella

131. "Murder in Little Italy". *Murder by Gaslight*, 7 out. 2010. Disponível em: http://www.murderbygaslight.com/2010/10/murder-in-little-italy.html.
132. BOYSUN, Maria. "A Woman Scorned". *Daily News*, 17 ago. 2003.
133. COLLINS, Gail Collins. "An American Tragedy". *New York Times*, 25 fev. 1991. Disponível em: https://www.nytimes.com/1996/02/25/books/an-american-tragedy.html.
134. Ibid.
135. "Maria Is Told the News". *New York Times*, 22 abr. 1896.
136. "Maria Barbella Married". *New York Times*, 4 nov. 1897.

Para terminar a relação

137. BROGAARD, Berit. "Love Is Like Cocaine: The Remarkable, Terrifying Neuroscience of Romance". *Salon*, 14 fev. 2015. Disponível em: https://www.salon.com/2015/02/14/love_is_like_cocaine_the_remarkable_terrifying_neuroscience_of_romance/.
138. GREENSBERG, Melanie. "This Is Your Brain on a Breakup". *Psychology Today*, 29 de março de 2016. Disponível em: https://www.psychologytoday.com/us/blog/the-mindful-self-express/201603/is-your-brain-breakup.
139. WINCH, Guy. "To Get Over Heartbreak, First Understand That You're Experiencing Withdrawal". *Fatherly*, 29 jan. 2018. Disponível em: https://www.fatherly.com/love-money/how-to-fix-a-broken-heart-science/.

Seção 06: Mercenárias

Grace O'Malley

140. WYNN, Vance. *Weekly True Story - Grace O'Malley, the Irish Pirate*. Pittsburgh Press: Pittsburgh, PA, 3 maio 1931.

141. CHAMBERS, Anne. *Pirate Queen of Ireland: The Adventures of Grace O'Malley*. West Link Park. Cork, Ireland: The Collins Press, 2006, pos. 250 de 1132, Kindle.

142. Ibid., pos. 295.

143. CURTIS, William E. *Kingdom of Grace O'Malley*. Evening Star: Washington, DC, 26 de ago. 1908.

144. "Grace O'Malley, Irish Female Pirate". Royal Museums Greenwich. Disponível em: https://www.rmg.co.uk/discover/explore/graceomalley.

145. WYNN, Vance. *Weekly True Story - Grace O'Malley, the Irish Pirate*. Pittsburgh Press: Pittsburgh, PA, 3 maio 1931.

146. O'HANRAHAN, Richard M. A World Apart, Tory Island. *Baltimore Sun*, 14 mar. 1937.

Katherine Ferrers

147. PEPYS, Samuel. *The Diary of Samuel Pepys*. Editado com acréscimos por Henry B. Wheatley F.S.A. Londres: George Bell & Sons, p.53.

148. MCDONALD, Fiona. *Gentlemen Rogues & Wicked Ladies: A Guide to British Highwaymen & Highwaywomen*. Cheltenham, Reino Unido: The History Press, 2011, pos. 1614 de 2649, Kindle.

149. "Katherine Ferrers — the Wicked Lady". Crime Library, *Watford Observer*. Watford, UK. Disponível em: https://www.watfordobserver.co.uk/news/nostalgia/crimelibrary/katherineferrers/.

150. MCDONALD, Fiona. *Gentlemen Rogues & Wicked Ladies: A Guide to British Highwaymen & Highwaywomen*. Cheltenham, Reino Unido: The History Press, 2011, pos. 1614.

151. STEEPLES, Matthew. "The Wicked Lady". *Steeple Times*, 11 nov. 2013. Disponível em: https://thesteepletimes.com/opulence-splendour/wicked-lady/.

Ching Shih

152. BANERJI, Urvija. "The Chinese Female Pirate Who Commanded 80.000 Outlaws". *Atlas Obscura*, 6 abr. 2016. Disponível em: https://www.atlasobscura.com/articles/the-chinese-female-pirate-who-commanded-80000-outlaws.

153. MCISAAC, Molly. "Ching Shih: The Former Prostitute Turned Ruthless Pirate Who Put Blackbeard to Shame". *History Daily*, 27 ago. 2019. Disponível em: https://historydaily.org/ching-shih-the-pirate-queen.

154. BANERJI, Urvija. "The Chinese Female Pirate Who Commanded 80.000 Outlaws". *Atlas Obscura*, 6 abr. 2016. Disponível em: https://www.atlasobscura.com/articles/the-chinese-female-pirate-who-commanded-80000-outlaws.

155. "Ching Shih: Princess of the Chinese Seas". Rejected Princesses. Disponível em: https://www.rejectedprincesses.com/princesses/ching-shih.

156. "Ching Shih". Encyclopedia.com. Disponível em: https://www.encyclopedia.com/women/encyclopedias-almanacs-transcripts-and-maps/ching-shih-fl-1807-1810. Acesso em: 6 dez. 2019.

157. VALLAR, Cindy. "Cheng I Sao ('wife of Cheng I')". Pirates and Privateers. Disponível em: http://www.cindyvallar.com/chengsao.html.

158. MCISAAC, Molly. "Ching Shih: The Former Prostitute Turned Ruthless Pirate Who Put Blackbeard to Shame". *History Daily*, 27 ago. 2019. Disponível em: https://historydaily.org/ching-shih-the-pirate-queen.

159. MELTZER, Milton Meltzer. *Piracy and Plunder: A Murderous Business*. Nova York: Dutton Juvenile, 2001, p.54.

160. "Ching Shih: Princess of the Chinese Seas". Rejected Princesses. Disponível em: https://www.rejectedprincesses.com/princesses/ching-shih.

Eleanor Dumont

161. LAPOINTE, Michael. "Dice Roll: Madame Mustache". *The Daily, Paris Review*, 2 abr. 2019. Disponível em: https://www.theparisreview.org/blog/2019/04/02/dice-roll-madame-mustache/.

162. Ibid.

163. FRANCIS, Eugene. *Gambling Lady*. Atlanta Constitution, 12 set. 1948.

164. RUTTER, Michael. *Upstairs Girls: Prostitution in the American West*. Helena, MT: Farcountry Press, 2012, p. 317.

165. FRANCIS, Eugene. *Gambling Lady*. Atlanta Constitution, 12 set. 1948.

166. LAPOINTE, Michael. "Dice Roll: Madame Mustache". The Daily, Paris Review, 2 abr. 2019. Disponível em: https://www.theparisreview.org/blog/2019/04/02/dice-roll-madame-mustache/.

167. Norman McLeod, "Madame Moustache", *Auburn Journal*, 16 de setembro de 1984.

168. RUTTER, Michael. *Upstairs Girls: Prostitution in the American West*. Helena, MT: Farcountry Press, 2012, p. 319.

169. PIATT, Michael H. "The Death of Madame Mustache: Bodie's Most Celebrated Inhabitant". *Bodie History*, ago. 2010. Disponível em: http://www.bodiehistory.com/madam.pdf.

Griselda Blanco

170. "Searching for the Godmother of Crime". *Maxim*, 14 dez. 2015. Disponível em: https://www.maxim.com/maxim-man/searching-godmother-crime.

171. GREENE, Leonard. "Drug Thugs Kill the Queen". *New York Post*, 5 set. 2012. Disponível em: https://nypost.com/2012/09/05/drug-thugs-kill-the-queen/.

172. "Searching for the Godmother of Crime". *Maxim*, 14 dez. 2015. Disponível em: https://www.maxim.com/maxim-man/searching-godmother-crime.

173. OVALLE, David. "'Cocaine Godmother' Griselda Blanco Gunned Down in Colombia". *Miami Herald*, 3 set. 2012. Disponível em: https://www.miamiherald.com/news/local/community/miami-dade/article1942420.html.

174. Ibid.

175. Ibid.

A trajetória das mulheres rumo à independência

176. MCGEE, Suzanne; MOORE, Heidi. "Women's Rights and Their Money: A Timeline from Cleopatra *to Lilly Ledbetter*". *The Guardian*, 11 ago. 2014. Disponível em: https://www.theguardian.com/money/us-moneyblog/2014/aug/11/women-rights-money-timeline-history.

177. Ibid.

178. Ibid.

179. LEWIS, Jane Johnson. "1848: Married Women Win Property Rights". *ThoughtCo.*, 1 dez. 2017. Disponível em: https://www.thoughtco.com/1848-married-women-win-property-rights-3529577.

180. MCGEE, Suzanne; MOORE, Heidi. "Women's Rights and Their Money: A Timeline from Cleopatra *to Lilly Ledbetter*". *The Guardian*, 11 ago. 2014. Disponível em: https://www.theguardian.com/money/us-moneyblog/2014/aug/11/women-rights-money-timeline-history.

181. Ibid.

182. "Know Your Rights: The Equal Pay Act". American Association of University Women (AAUW). Disponível em: https://www.aauw.org/resources/legal/laf/equal-pay-act/ 7 de novembro de 2020.

183. TURNER, Natasha. "10 Things That American Women Could Not Do Before the 1970s". Ms., 28 maio 2013. Disponível em: https://msmagazine.com/2013/05/28/10-things-that-american-women-could-not-do-before-the-1970s/.

184. ROSENBERG, Brad. "20 Ordinary Things Women Couldn't Do in the '50s and '60s". DoYouRemember?, 7 de fevereiro de 2018. Disponível em: https://doyouremember.com/39730/20-ordinary-things-women-couldnt-50s-60s.

185. CATCHER, Jess. "11 Ordinary Things Women Weren't Allowed to Do in the '50s and '60s". *Little Things*. Disponível em: https://www.littlethings.com/things-women-couldnt-do-50s/3.

Seção 07: Rainhas

Tômiris, Rainha de Masságetas

186. HERÉDOTO. "Queen Tomyris of the Massagetai and the Defeat of the Persians under Cyrus". Retirado de Heródoto, *The History*, tradução de George Rawlinson. Nova York: Dutton & Co., 1862, Internet Ancient History Sourcebook, Universidade de Fordham. Disponível em: https://sourcebooks.fordham.edu/ancient/tomyris.asp.

187. Ibid.

188. Ibid.

189. WEEKES, Princess. "Queen Tomyris of Massagetae, Slayer of Great Men & Inspiration for Red Sonja". *The Mary Sue*, 21 fev. 2019. Disponível em: https://www.themarysue.com/queen-tomyris-red-sonja/.

190. HERÉDOTO. "Queen Tomyris of the Massagetai and the Defeat of the Persians under Cyrus". Retirado de Heródoto, The History, tradução de

George Rawlinson. Nova York: Dutton & Co., 1862, Internet Ancient History Sourcebook, Universidade de Fordham. Disponível em: https://sourcebooks.fordham.edu/ancient/tomyris.asp..
191. Ibid.

Boudica

192. TÁCITO. *The Annals of Tacitus*. Loeb Classical Library editions. Cambridge, MA: Harvard University Press, 1937, volume V, livro XIV. Disponível em: http://penelope.uchicago.edu/Thayer/E/Roman/Texts/Tacitus/Annals/14B*.html.
193. WEBER, Shannon. *Feminism in Minutes*. Londres: Quercus Books, 2019, p. 298.
194. TÁCITO. *The Annals of Tacitus*. Loeb Classical Library editions. Cambridge, MA: Harvard University Press, 1937, volume V, livro XIV. Disponível em: http://penelope.uchicago.edu/Thayer/E/Roman/Texts/Tacitus/Annals/14B*.html.
195. Ibid.
196. "Boudica (Boudicca)". Encyclopedia Romana. Disponível em: https://penelope.uchicago.edu/~grout/encyclopaedia_romana/britannia/boudica/boudicanrevolt.html.
197. CÁSSIO, Dião. *Roman History*. Loeb Classical Library edition. Cambridge, MA: Harvard University Press, 1925, volume VIII, livro LXII. Disponível em: http://penelope.uchicago.edu/Thayer/E/Roman/Texts/Cassius_Dio/62*.html.
198. Ibid.
199. HINGLEY, Richard. "Big Bad Boudica United Thousands of Ancient Britons Against Rome". *National Geographic History Magazine*, 22 out. 2019. Disponível em: https://www.nationalgeographic.com/history/magazine/2019/09-10/boudica-britain-revolt-against-rome/.
200. Ibid.
201. Ibid.

Zenóbia

202. GIBBON, Edward. "Zenobia". Retirado de *The History of the Decline and Fall of the Roman Empire*. Library of World's Best Literature. Ed. Charles Dudley Warner et al. Nova York: Warner Library Co., 1917, Bartleby.com, 2015. Disponível em: https://www.bartleby.com/library/prose/2186.html.
203. FUENTE, David Hernandez de la. "Zenobia, the Rebel Queen Who Took on Rome". *National Geographic Magazine*, 12 nov. 2017. Disponível em: https://www.nationalgeographic.com/history/

magazine/2017/11-12/history-queen-zenobia-defied-rome/.
204. GIBBON, Edward. "Zenobia". Retirado de *The History of the Decline and Fall of the Roman Empire*. Library of World's Best Literature. Ed. Charles Dudley Warner et al. Nova York: Warner Library Co., 1917, Bartleby.com, 2015. Disponível em: https://www.bartleby.com/library/prose/2186.html.
205. "Zenobia". New World Encyclopedia. Disponível em: https://www.newworldencyclopedia.org/entry/zenobia. Acesso em: 16 jan. 2021.
206. PAUW, Linda Grant De. *Battle Cries and Lullabies: Women in War from Prehistory to Present*. Norman: University of Oklahoma Press, 1998, p.75.
207. FUENTE, David Hernandez de la. "Zenobia, the Rebel Queen Who Took on Rome". *National Geographic Magazine*, 12 nov. 2017. Disponível em: https://www.nationalgeographic.com/history/magazine/2017/11-12/history-queen-zenobia-defied-rome/.
208. PAUW, Linda Grant De. *Battle Cries and Lullabies: Women in War from Prehistory to Present*. Norman: University of Oklahoma Press, 1998, p.75.
209. FUENTE, David Hernandez de la. "Zenobia, the Rebel Queen Who Took on Rome". National Geographic Magazine, 12 nov. 2017. Disponível em: https://www.nationalgeographic.com/history/magazine/2017/11-12/history-queen-zenobia-defied-rome/.
210. PAUW, Linda Grant De. *Battle Cries and Lullabies: Women in War from Prehistory to Present*. Norman: University of Oklahoma Press, 1998, p.75.

Catarina Sforza

211. LEV, Elizabeth. *The Tigress of Forli: Renaissance Italy's Most Courageous and Notorious Countess, Caterina Riario Sforza de' Medici*. Nova York: Houghton Mifflin Harcourt, 2012, p.3.
212. Ibid.
213. Ibid., p. 79.
214. BERTELLI, Sergio. *The King's Body: Sacred Rituals of Power in Medieval and Early Modern Europe*. University Park: Pennsylvania State University Press, 2001, p.240.
215. LEV, Elizabeth. *The Tigress of Forli: Renaissance Italy's Most Courageous and Notorious Countess, Caterina Riario Sforza de' Medici*. Nova York: Houghton Mifflin Harcourt, 2012, p. 129.

216. "This Renaissance Warrior Woman Defied Powerful Popes to Defend her Lands". *National Geographic History Magazine*, 6 de maio de 2016. Disponível em: https://www.nationalgeographic.com/history/magazine/2016/05-06/caterina-sforza/. Acesso em: 5 mar. 2019.

217. TROLLOPE, Thomas Adolphus. *St. Catharine of Siena. Caterina Sforza. Vittoria Colonna*. Londres: Chapman and Hall, 1859, p.201.

218. LIFSON, Amy. "Caterina Sforza: Fearless Regent and Scientist of 15th-Century Italy". *Humanities 38*, no.1, Inverno de 2017. Disponível em: https://www.neh.gov/humanities/2017/winter/curio/caterina-sforza-fearless-regent-and-scientist-15th-century-italy.

Maria Tudor

219. WILLIAMS, Patrick. *Katherine of Aragon: The Tragic Story of Henry VIII's First Unfortunate Wife*. Stroud, Reino Unido: Amberley Publishing, 2013, pos. 7197 de 9706, Kindle.

220. MCILVENNA, Una. "What Inspired Queen 'Bloody' Mary's Gruesome Nickname?". *History.com*, 25 out. 2018. Disponível em: https://www.history.com/news/queen-mary-i-bloody-mary-reformation.

221. WHITELOCK, Anna. *Mary Tudor: England's First Queen*. Nova York: Penguin, 2016, pos. 284 de 403, Kindle.

222. Ibid., pos. 188.

223. Ibid., pos. XVII.

Ranavalona I de Madagascar

224. JOSHUA. "Queen Ranavalona 1: The Most Murderous Woman in History". *Historic Mysteries*, 1 jun. 2017. Disponível em: https://www.historicmysteries.com/queen-ranavalona-i/.

225. LAIDLER, Keith. *Female Caligula: Ranavalona, The Mad Queen of Madagascar*. Hoboken, NJ: John Wiley & Sons, 2007, pos. 444, Kindle.

226. Ibid., pos. 505.

227. Ibid., pos. 550.

228. Ibid., pos. 606.

229. "Ranavalona I: The Female Caligula". Rejected Princesses. Disponível em: https://www.rejectedprincesses.com/princesses/ranavalona-i.

230. KAMHI, Alison. "Perceptions of Ranavalona I: A Malagasy Historic Figure as a Thematic Symbol of Malagasy Attitudes Toward History". Stanford Undergraduate Research Journal, maio 2002. Disponível em: http://web.stanford.edu/group/journal/cgi-bin/wordpress/wp content/uploads/2012/09/Kamhi_Hum_2002.pdf.

Seção 08: Guerreiras

Tomoe Gozen

231. TURNBULL, Stephen. *Samurai Women: 1184–1877*. Londres: Bloomsbury Publishing, 2012, p.72.

232. NOWAKI, Rochelle. "Women Warriors of Early Japan". Hohonu 13 (2015), 63. Disponível em: https://hilo.hawaii.edu/campuscenter/hohonu/volumes/documents/WomenWarriorsofEarlyJapanRochelle Nowaki.pdf.

233. *The Tale of the Heike*. Com tradução e introdução de Helen Craig McCullough. Stanford, CA: Stanford University Press, 1988, p.291.

234. Ibid.

235. BERNARD, Chelsea. "Tomoe Gozen: Badass Women in Japanese History". *Tofugu*, 12 jun. 2014. Disponível em: https://www.tofugu.com/japan/tomoe-gozen/.

236. *The Tale of the Heike*. Com tradução e introdução de Helen Craig McCullough. Stanford, CA: Stanford University Press, 1988, p.292.

237. Ibid.

Nansica

238. DASH, Mike. "Dahomey's Women Warriors". *Smithsonian Magazine*, 23 set. 2011. Disponível em: https://www.smithsonianmag.com/history/dahomeys-women-warriors-88286072/.

239. DAWKINS, Farida. "Dahomey Amazon Warriors in Black Panther to come to life again on screens". *Face2Face Africa*, 2 mar. 2018. Disponível em: https://face2faceafrica.com/article/dahomey-amazon-warriors-black-panther-come.

240. GOHMANN, Johanna. "The Real-Life Women Warriors Who Inspired Black Panther's Dora Milaje". *Bust Magazine*, jun./jul. 2017. Disponível em: https://bust.com/general/193143-female-warriors-of-dahomey.html.

241. DASH, Mike. "Dahomey's Women Warriors". *Smithsonian Magazine*, 23 set. 2011. Disponível em: https://www.smithsonianmag.com/history/dahomeys-women-warriors-88286072/.

242. Ibid.

243. ALPERN, Stanley B. *Amazons of Black Sparta: The Women Warriors of Dahomey*. Segunda edição. Nova York: New York University Press, 1998, p.103.

244. Ibid.

245. Ibid., p.194.

246. DASH, Mike. "Dahomey's Women Warriors". *Smithsonian Magazine*, 23 set. 2011. Disponível em: https://www.smithsonianmag.com/history/dahomeys-women-warriors-88286072/.

Nadezhda Vasilyevna Popova

247. HOLLAND, Brynn. "Meet the Night Witches: The Daring Female Pilots Who Bombed Nazis by Night". *History.com*, 7 jun. 2019. Disponível em: https://www.history.com/news/meet-the-night-witches-the-daring-female-pilots-who-bombed-nazis-by-night.

248. CHILDS, David. "Nadezhda Popova: Soviet Pilot known as 'the Night Witch'". *Independent*, Londres, 16 jul. 2013. Disponível em: https://www.independent.co.uk/news/obituaries/nadezhda-popova-soviet-pilot-known-as-the-night-witch-8711677.html.

249. GRUNDHAUSER, Eric. "The Little-Known Story of the Night Witches, an All-Female Force in WWII". *Vanity Fair*, 25 jun. 2015. Disponível em: https://www.vanityfair.com/culture/2015/06/night-witches-wwii-female-pilots.

250. HOLLAND, Brynn. "Meet the Night Witches: The Daring Female Pilots Who Bombed Nazis by Night". *History.com*, 7 jun. 2019. Disponível em: https://www.history.com/news/meet-the-night-witches-the-daring-female-pilots-who-bombed-nazis-by-night.

251. CHILDS, David. "Nadezhda Popova: Soviet Pilot known as 'the Night Witch'". *Independent*, Londres, 16 jul. 2013. Disponível em: https://www.independent.co.uk/news/obituaries/nadezhda-popova-soviet-pilot-known-as-the-night-witch-8711677.html.

252. MARTIN, Douglas. "Nadezhda Popova, WWII 'Night Witch,' Dies at 91". *New York Times*, 14 jul. 2013. Disponível em: https://www.nytimes.com/2013/07/15/world/europe/nadezhda-popova-ww-ii-night-witch-dies-at-91.html.

253. LANGER, Emily. "Nadezhda Popova, Celebrated Soviet 'Night Witch' Aviator of World War II, dies at 91". *Washington Post*, 13 jul. 2013. Disponível em: https://www.washingtonpost.com/world/europe/nadezhda-popova-celebrated-soviet-night-witch-aviator-of-world-war-ii-dies-at-91/2013/07/13/5561fb1a-ea3c-11e2-a301-ea5a8116d211_story.html.

254. MARTIN, Douglas. "Nadezhda Popova, WWII 'Night Witch,' Dies at 91". *New York Times*, 14 jul. 2013. Disponível em: https://www.nytimes.com/2013/07/15/world/europe/nadezhda-popova-ww-ii-night-witch-dies-at-91.html.

255. LANGER, Emily. "Nadezhda Popova, Celebrated Soviet 'Night Witch' Aviator of World War II, dies at 91". *Washington Post*, 13 jul. 2013. Disponível em: https://www.washingtonpost.com/world/europe/nadezhda-popova-celebrated-soviet-night-witch-aviator-of-world-war-ii-dies-at-91/2013/07/13/5561fb1a-ea3c-11e2-a301-ea5a8116d211_story.html.

Revoltas Lideradas por Mulheres

256. "Tamil Nadu to Build Memorial for Freedom Fighter Kuyili". *Times of India*, 16 maio 2013. Disponível em: http://timesofindia.indiatimes.com/articleshow/20075937.cms?utm_source=contentofinterest&utm_medium=text&utm_campaign=cppst.

257. "Remembering Queen Velu Nachiyar of Sivagangai, the First Queen to Fight the British". *The NEWSMinute*, 3 jan. 2017. Disponível em: https://www.thenewsminute.com/article/rememberingqueen-velu-nachiyar-sivagangai-first-queen-fight-british-55163.

258. MOUNTAIN, David. "The Women's March on Versailles". *AreWeEurope*. Disponível em: https://magazine.areweeurope.com/stories/silentrevolutions/david-mountain-the-women-of-the-french-revolution.

259. MARTIN, Douglas. "Ani Pachen, Warrior Nun in Tibet Jail 21 Years, Dies". *New York Times*, 18 fev. 2002. Disponível em: https://www.nytimes.com/2002/02/18/world/ani-pachen-warrior-nun-in-tibet-jail-21-years-dies.html.

Secção 09: Vingadoras

Charlotte Corday

260. WALTERS, Jonah. "A Guide to the French Revolution". *Jacobin*, 14 jul. 2015. Disponível em: https://www.jacobinmag.com/2015/07/french-revolution-bastille-day-guide-jacobins-terror-bonaparte/.

261. CARLYLE, Thomas. *The French Revolution. A History.* Londres: Chapman and Hall, 1873, p.146, vol. 3.

Celia

262. MCLAURIN, Melton A. *Celia, A Slave.* Atenas: University of Georgia Press, 2011, p.24.

263. Ibid., p.30.

264. Ibid., p.32.

265. BROWN, DeNeen. "Missouri v. Celia, a Slave: She Killed the White Master Raping Her, Then Claimed Self Defense". *Washington Post*, 19 out. 2017. Disponível em: https://www.washingtonpost.com/news/retropolis/wp/2017/10/19/missouri-v-celia-a-slave-she-killed-the-white-master-raping-her-thenclaimed-self-defense/.

266. Ibid.

267. LINDER, Douglas O. "The Trial of Celia: A Chronology". *Famous Trials*. Disponível em: https://famoustrials.com/celia/181-chronology.

Marie Sukloff

268. SUKLOFF, Marie. *The Life-Story of a Russian Exile.* Tradução de Gregory Yarros. Nova York: The Century Co., 1915, 10. Disponível em: https://babel.hathitrust.org/cgi/pt?id=mdp.39015012255363&view=1up&seq=24.

269. Ibid., p.138.2.

270. Ibid., p.140.4.

271. SUKLOFF, Marie. "Marie Sukloff: The Story of an Assassination (1914)." Tradução de Gregory Yarros (1914). Página da internet de Paul Brians, Universidade Estadual de Washington. Disponível em: https://brians.wsu.edu/2016/11/07/marie-sukloff-the-story-of-an-assassination-1914/.

272. SUKLOFF, Marie. "Marie Sukloff: The Story of an Assassination (1914)." Tradução de Gregory Yarros (1914). Página da internet de Paul Brians, Universidade Estadual de Washington. Disponível em: https://brians.wsu.edu/2016/11/07/marie-sukloff-the-story-of-an-assassination-1914/.

273. Ibid.

274. EASTMAN, Max. "To Marie Sukloff — An Assassin". *HePo*. Disponível em: https://hellopoetry.com/poem/73806/to-mariesukloff-an-assassin/.

Shi Jianqiao

275. "Sun Chuanfang, the Republic of China Female Assassin Shot Dead: Thunderbolt Means and the *Heart of Buddha*". *BestChinaNews*, 26 jul. 2016. Disponível em: http://www.bestchinanews.com/History/994.html.

276. BOURGON, Jerome Bourgon. Resenha de "Public Passions: The Trial of Shi Jianqiao and the Rise of Popular Sympathy in Republican China", de Eugenia Leansa. *China Perspectives*, 2008/3 (2008). Disponível em: https://doi.org/10.4000/chinaperspectives.4273.

277. "Sun Chuanfang, the Republic of China Female Assassin Shot Dead: Thunderbolt Means and the Heart of Buddha". *BestChinaNews*, 26 jul. 2016. Disponível em: http://www.bestchinanews.com/History/994.html.

278. LEAN, Eugenia. *Public Passions.* Berkeley: University of California Press, 2007, p.27. Disponível em: https://content.ucpress.edu/pages/10541/10541.ch01.pdf.

279. Ibid., p.22.

280. Ibid., p.21.

281. HE, Qiliang. "Scandal and the New Woman: Identities and Media Culture in 1920s China". *Studies on Asia*, série IV, vol. I, outono de 2010. Disponível em: https://web.archive.org/web/20120912133650/http://studiesonasia.illinoisstate.edu/seriesIV/documents/Qiliang_HE.pdf.

Virginia Hall

282. PURNELL, Sonia. *A Woman of No Importance: The Untold Story of the American Spy Who Helped Win World War II.* New York: Viking, 2019, p.12.

283. MYRE, Greg. "'A Woman of No Importance' Finally Gets Her Due". *NPR*, 18 abr. 2019. Disponível em: https://www.npr.org/2019/04/18/711356336/a-woman-of-no-importance-finally-gets-her-due.

284. PURNELL, Sonia. *A Woman of No Importance: The Untold Story of the American Spy Who Helped Win World War II.* New York: Viking, 2019, p.18.

285. "1945: Virginia Hall". Intel.gov, página na internet do Gabinete do Diretor da Inteligência Nacional, 5 nov. 2020. Disponível em: https://www.intelligence.gov/index.php/people/barrier-breakers-in-history/662-1945-virginia-hall.

286. PURNELL, Sonia. *A Woman of No Importance: The Untold Story of the American Spy Who Helped Win World War II*. New York: Viking, 2019, p.37.

287. Ibid., p.47.

288. Ibid., p.75.

289. ROOS, Dave. "World War II's 'Most Dangerous' Allied Spy Was a Woman with a Wooden Leg". *History.com*, 27 fev. 2019. Disponível em: https://www.history.com/news/female-allied-spy-world-war-2-wooden-leg.

290. Ibid.

291. PURNELL, Sonia. *A Woman of No Importance: The Untold Story of the American Spy Who Helped Win World War II*. New York: Viking, 2019, p.98.

292. LINEBERRY, Cate. "WANTED: The Limping Lady". Smithsonian Magazine, 1 fev. 2007. Disponível em: https://www.smithsonianmag.com/history/wanted-the-limping-lady-146541513/.

293. Ibid.

294. PURNELL, Sonia. *A Woman of No Importance: The Untold Story of the American Spy Who Helped Win World War II*. New York: Viking, 2019, p.309.

Freddie Oversteegen

295. SMITH, Harrison. "Freddie Oversteegen, Dutch Resistance Fighter Who Killed Nazis Through *Seduction, Dies at 92*". *Washington Post*, 16 set. 2018. Disponível em: https://www.washingtonpost.com/local/obituaries/freddie-oversteegen-dutch-resistance-fighter-who-killed-nazis-through-seduction-dies-at-92/2018/09/16/7876eade-b-9b7-11e8-a8aa-860695e7f3fc_story.html.

296. LITTLE, Becky. "This Teenager Killed Nazis with Her Sister During WWII". *History.com*, 19 set. 2018, atualizado em 1 mar. 2019. Disponível em: https://www.history.com/news/dutch-resistance-teenager-killed-nazisfreddie-oversteegen.

297. JONKER, Ellis. *Freddie and Truus, Sisters in Arms*. Under Fire: Women and World War II. Ed. Eveline Buchheim e Ralf Futselaar. Amsterdam: Hilversum, 2014, p.144. Disponível em: https://books.google.ca/.

298. SMITH, Harrison. "Freddie Oversteegen, Dutch Resistance Fighter Who Killed Nazis Through *Seduction, Dies at 92*". *Washington Post*, 16 set. 2018. Disponível em: https://www.washingtonpost.com/local/obituaries/freddie-oversteegen-dutch-resistance-fighter-who-killed-nazis-through-seduction-dies-at-92/2018/09/16/7876eade-b-9b7-11e8-a8aa-860695e7f3fc_story.html.

299. JONKER, Ellis. *Freddie and Truus, Sisters in Arms*. Under Fire: Women and World War II. Ed. Eveline Buchheim e Ralf Futselaar. Amsterdam: Hilversum, 2014, p.144. Disponível em: https://books.google.ca/.

300. ROBERTS, Sam. "Freddie Oversteegen, Gritty Dutch Resistance Fighter, Dies at 92". *New York Times*, 25 set. 2018. Disponível em: https://www.nytimes.com/2018/09/25/obituaries/freddie-oversteegen-dutchresistance-fighter-dies-at-92.html

301. SPANJER, Noor. "This 90-Year-Old Lady Seduced and Killed Nazis as a Teenager". *VICE*, 11 maio 2016. Disponível em: https://www.vice.com/en_us/article/dp5a8y/teenager-nazi-armed-resistance-netherlands-876.

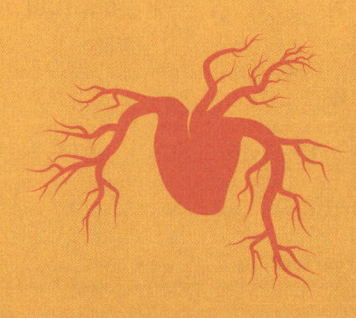

AGRADECIMENTOS

Ao contrário de muitas mulheres deste livro, eu não trabalhei sozinha. Sou muito grata aos esforços de várias pessoas para trazer ao mundo este tomo homicida.

Tenho uma enorme dívida de gratidão com minha editora, Samantha Weiner, cujas excelentes avaliações me ajudaram a refinar o manuscrito.

À minha agente, Anna Sproul-Latimer, que ficou entusiasmada com este projeto desde o princípio.

À minha mãe, que deu sugestões de impressionante serenidade enquanto lia sobre mulheres que comiam pessoas.

À ilustradora, Eva Bee, cujos desenhos deram vivacidade ao livro.

À equipe da Abrams, que merece o crédito por transformar "meus berros sobre um bando de assassinas esquisitas que me interessavam" em um livro de verdade.

A todos os caras esquisitos da internet que acreditavam que uma mulher não conseguia levantar uma espada, vocês também me motivaram. E a todas as mulheres que queriam garantir que eu incluísse neste livro suas pavorosas assassinas favoritas, vocês também me ajudaram muito.

E, é claro, ao meu marido, Daniel Kibblesmith. Se algum dia você for assassinado, eu vou vingá-lo, assim como meu herói faria, o Justiceiro.

Assassinas em
Séries

por **Mabê Bonafé** e **Carol Moreira**,
criadoras do podcast e livro *Modus Operandi*

No dia 24 de março de 1873, uma britânica almoçava pela última vez antes de ser enforcada. Mary Ann Cotton foi julgada por ter matado 21 pessoas com arsênico. Um número quatro vezes maior que o de vítimas de Jack, O Estripador. Por conta de seus crimes, ela recebeu a nada lisonjeira alcunha de Mulher Maldita.

Ao contrário do que muitos acreditam, nem toda assassina se utiliza de venenos para eliminar suas vítimas. Os crimes são um reflexo do nosso tempo, e mentes criminosas buscam artifícios daquele momento para colocar em prática os seus desejos mais sombrios. E, sim, isso muitas vezes significou usar um pouco de veneno...

O fascínio por crimes cometidos por mulheres sempre foi avassalador, muitas vezes porque se tem uma ideia errada de que mulheres são indefesas e frágeis, incapazes de cometer atos violentos. Que os seus crimes nem sempre possuem o mesmo tipo de violência encontrado nos cometidos por homens é verdade, mas não são menos cruéis. O sadismo nem sempre se traduz em sangue. As marcas nem sempre são físicas, os crimes nem sempre são óbvios. Essas mulheres reais tocaram o terror real na vida das pessoas.

Por conta da larga cobertura midiática e do espetáculo que muitos desses casos se tornaram, essas histórias inspiraram diversas assassinas da ficção — seja na literatura, nas séries, nos filmes ou em outros produtos da cultura pop. Vai dizer que você nunca se imaginou uma vilã de novela de óculos escuros e lenço na cabeça fugindo para Paris após cometer um crime hediondo?

Catherine Tramell (*Instinto Selvagem*) usava um picador de gelo, Mallory (*Assassinos por Natureza*) pegou em armas e Cersei (*Game of Thrones*) gostava mesmo é de ver o negócio pegando fogo. Literalmente. Por isso reunimos aqui algumas assassinas *em séries* que tocaram o terror. *Cuidado com spoilers!*

Cersei Lannister

Game of Thrones (S06E10)

Que a Cersei não tem coração a gente sempre soube. Mandar matar um lobo inocente, assassinar o marido, tramar contra várias famílias, maltratar a Sansa, passar pano pro seu filho Joffrey... Mas o que dizer quando ela resolve se vingar de praticamente o elenco inteiro da série? No episódio "Os Ventos do Inverno", ela resolve explodir o Grande Septo de Baelor cheio de gente dentro, inclusive o Alto Pardal que um pouco antes a tinha humilhado na Caminhada da Vergonha. E o melhor: ela assiste tudo tomando um bom vinho.

Irmã Mary Eunice

American Horror Story: Asylum (S02E10)

A irmã Mary Eunice é uma freira super fofa e até frágil do manicômio Briarcliff Manor. Até aí tudo bem. Só que um belo dia ela é possuída pelo demônio e sua personalidade muda completamente, e ela passa a se tornar sádica e violenta. Sua tarefa favorita é torturar a irmã Judy, mas no episódio "O Jogo dos Nomes" a vingança chega. Timothy empurra a demônia escada abaixo, e o próprio dr. Arden vai preparar a fornalha pra cremação, só que no fim ele acaba entrando junto e os dois são incinerados. Que explodam no inferno!

Lila West
Dexter (S02E12)

O segundo crush que o Dexter arruma é a Lila, uma moça que ele conhece nos Narcóticos Anônimos (ele finge que seu vício é em drogas, enquanto sabemos que é... matar pessoas). Só que quando a Lila percebe que ele tem uma conexão muito forte com a Rita e seus filhos, ela começa a causar — se envolve com o amigo dele, toma uns remédios pra ser internada e se mete em tudo que consegue. Mas o pior momento é no episódio "Invasão Britânica", em que ela decide começar um incêndio na casa dela com os filhos da Rita dentro! Por sorte, o Dexter consegue salvar as crianças e mais pra frente ela acaba conhecendo o verdadeiro lado sombrio dele. *Tchau, Lila, ninguém vai sentir sua falta!*

Katherine Pierce
The Vampire Diaries (S02E01)

Quer uma vampira ressuscitada que ama causar uma confusão do barulho? Temos. Como escolher somente um episódio em que Katherine Pierce toca o terror, sendo que a criatura viveu mais de *cinco séculos*? Mas chegamos à conclusão de que matar a Caroline foi um dos seus piores momentos em "O Retorno". Katherine não se importava como, mas queria atingir Elena, Stefan e Damon, e usou a pobre Caroline em seu joguinho macabro. Caroline tinha ingerido sangue do Damon pra se curar um pouco antes, e Katherine quis causar fazendo a moça passar pela transformação dolorosa para virar vampira.

Love Quinn
Você (S02E10)

A gente sabe que o Joe não bate bem das ideias porque ele fica stalkeando e perseguindo um monte de mulheres por aí, e na segunda temporada a escolhida foi a Love. Mas quando ela descobre, no episódio "Simplesmente Love", todos os crimes horríveis que o cara cometeu, Love decide matar a *ex* dele, Candace. Para piorar, ela revela que foi ela quem matou a vizinha gata do Joe, a Delilah, e ainda uma babá que tinha abusado do seu irmão na infância. Mas a partir daí estava tudo certo então, porque a Love disse que estava grávida e eles iam ser felizes para sempre a partir dali. *Socorro.*

Villanelle
Killing Eve (S02E01)

Villanelle é uma serial killer mercenária que não tem dó de ninguém, *ninguém mesmo*. Em "Você Sabe Desovar um Corpo?", depois que é esfaqueada por sua grande rival (e amor?) Eve, ela vai parar em um hospital. Durante sua estadia, seu colega de quarto é um garoto chamado Gabriel, um menino bonzinho que sofreu um acidente de carro terrível que matou toda a sua família. Ela usa Gabriel para roubar um crachá e ela poder fugir. Só que antes de ir embora, ela decide matar o menino. Partiu o nosso coração.

Agnes
WandaVision (S01E07)
Sabe quando você só está tentando viver uma vida em uma realidade paralela com seu marido morto e uma vizinha fica xeretando as suas coisas? Essa é a Agnes, uma vizinha excêntrica que adora dar dicas para a Wanda de como arrumar a mesa, ser uma dona de casa etc. Ela também vive fazendo perguntas íntimas, algo que deixa a amiga visivelmente desconfortável, mas deixa ela, né, ela é só excêntrica. Não faz mal a ninguém. Acontece que no episódio "Derrubando a Quarta Parede", a gente descobre que a vizinha fifi da Feiticeira Escarlate é, na verdade, uma bruxona milenar chamada Agatha Harkness e ela estava em situação de controlando-tudo-o-tempo-todo enquanto fingia ser só uma fofoqueira inofensiva.

Delphine LaLaurie
American Horror Story: Coven (S03E12)
Delphine LaLaurie é inspirada na história real de uma das mulheres mais cruéis que já existiram, e Kathy Bates a interpretou na terceira temporada de forma *brilhante*. Delphine foi uma socialite estadunidense e assassina em

série que ajudou a torturar e mutilar mais de 90 pessoas escravizadas. Uma mulher sem escrúpulos, cruel e sádica que bebia sangue de crianças e torturou diversas pessoas. No episódio 12 ela vai para o inferno. Literalmente.

Norma Bates
Bates Motel (S01E01)
Norma Bates é uma mãe solo que se muda para White Pine Bay para recomeçar a vida com o filho e compra um motel para reformar e trabalhar. Quando o antigo proprietário do motel — que o perdeu por causa de uma dívida com o banco — começa a infernizar a vida da Norma, ele mal sabe o que o aguarda. Depois de estorvar tanto a mulher, Norma esfaqueia o proprietário até a morte com a ajuda do seu filho peculiar. Ela disse que ia ficar com o motel, não disse?

Gypsy
The Act (S01E08)
A série é inspirada na história real e assustadora de Dee Dee, uma mãe superprotetora que enganou a filha — Gypsy — a vida inteira fazendo-a acreditar que ela tinha uma doença grave. A mãe a fez passar por inúmeras cirurgias sem necessidade, e a gastar boa parte da infância tomando diversos medicamentos e comendo por um tubo conectado na barriga. À medida que ela foi crescendo e descobrindo as mentiras,

tomou uma decisão que pôs fim à vida das duas mulheres: uma foi para a cadeia e a outra foi para o caixão.

Livia Soprano
Família Soprano (todo santo episódio)
A mãe do mafioso Tony Soprano não é fácil de engolir: Livia é uma senhorinha egoísta, ingrata e reclamona, mas o auge é quando o filho a coloca numa casa de repouso e ela decide se vingar dele. Como?, você pergunta. Ela contrata um atirador para matar Tony! E, como se não bastasse, quando descobre que o filho faz terapia — certo ele! —, ela espalha a fofoca, causando um problema dos grandes entre os mafiosos, que começam a achar que Tony Soprano é fraco. Livia também conta para um amigo de Tony que foi ele quem causou um incêndio em seu restaurante, e faz isso na esperança de que a revelação termine em uma vingança sangrenta. Olha, essa aí não vai ganhar presente de Dia das Mães.

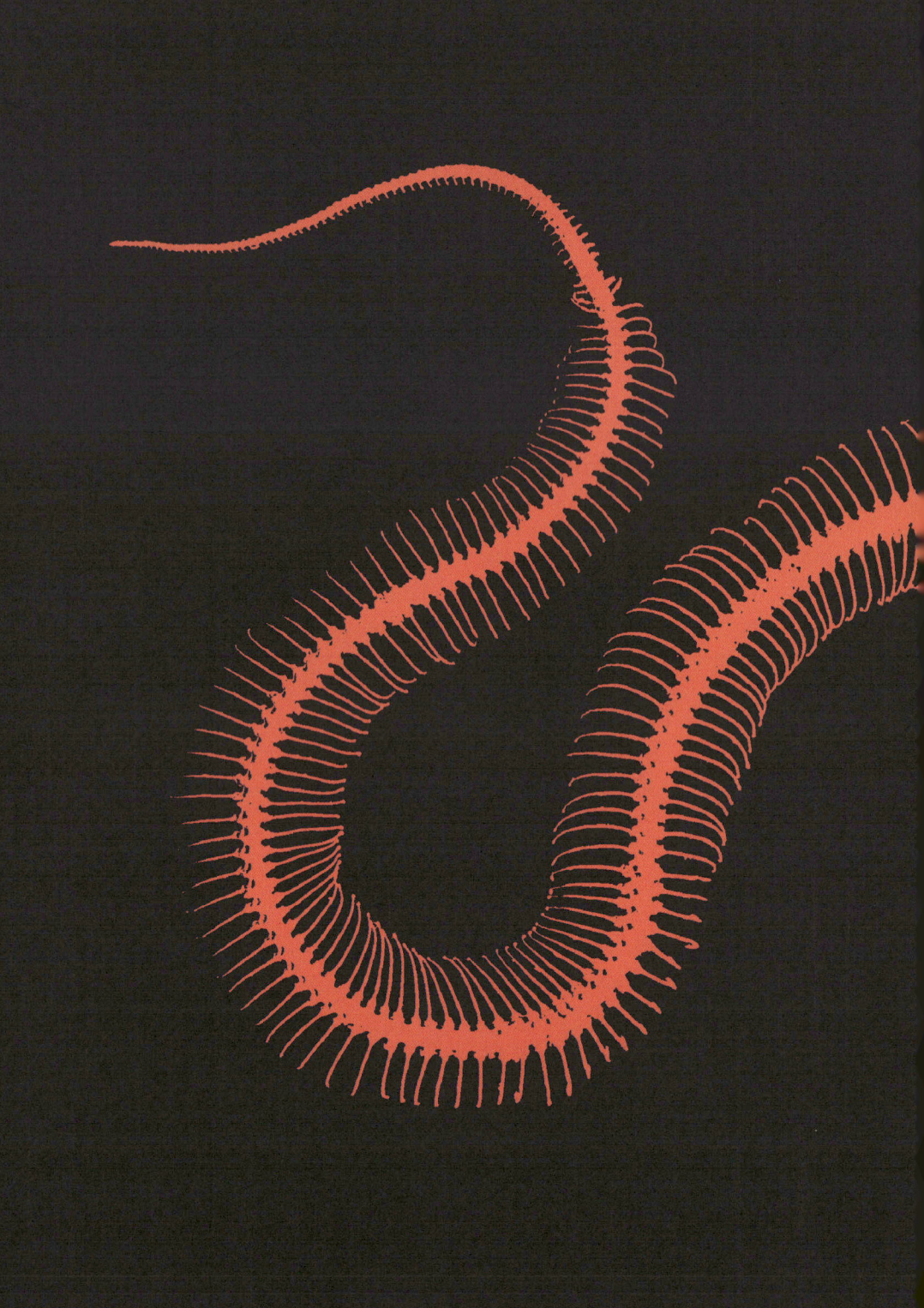

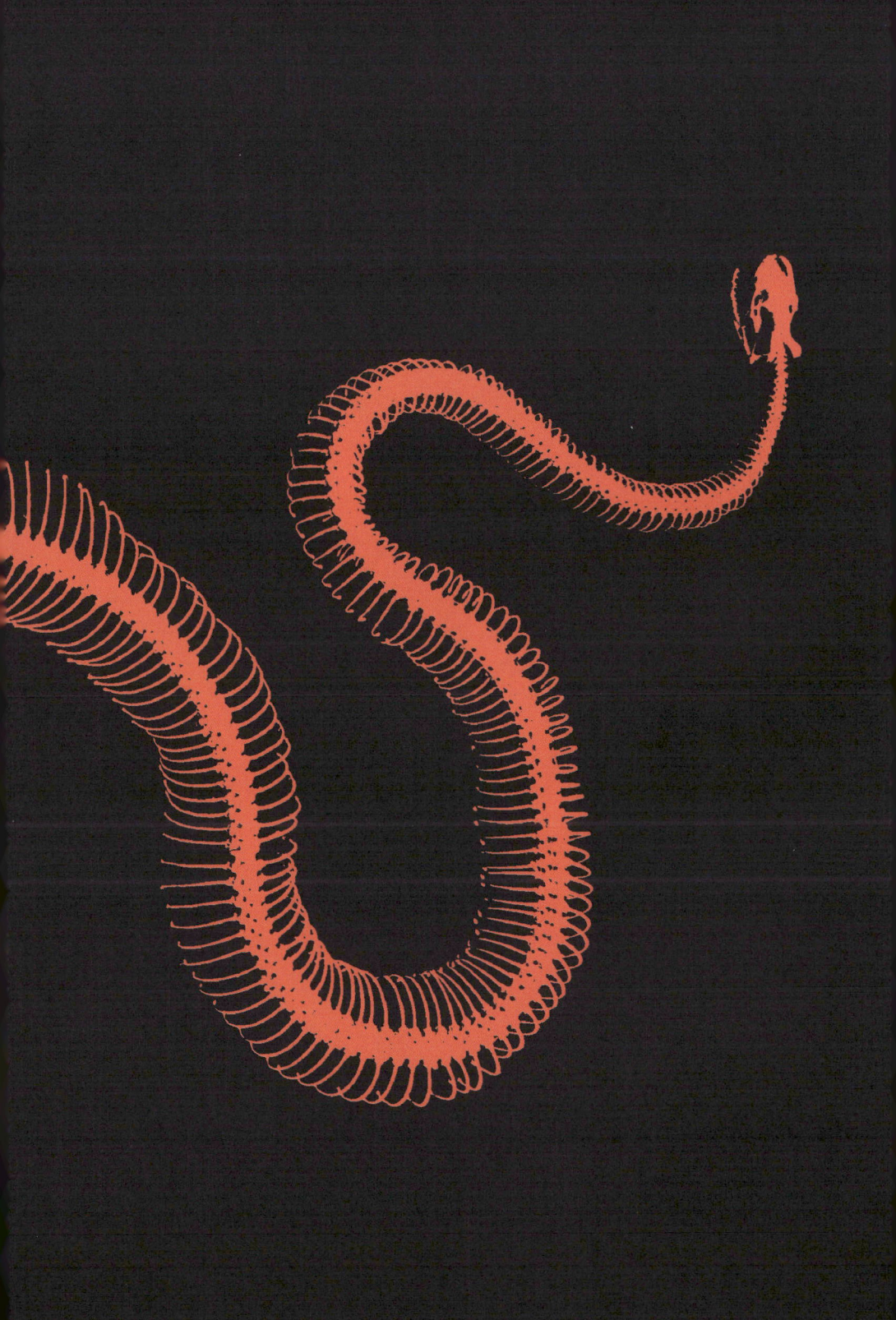

JENNIFER WRIGHT é autora de livros de história, escritora de televisão, colunista, podcaster e locutora. Ela foi editora política geral do *Harper's Bazaar* e seu trabalho pode ser visto em lugares como *The New York Times*, *The New York Post*, *The New York Observer*, *Time Out New York*, e algumas outras publicações que não têm "New York" no título, como *The Washington Post*. Jennifer também é uma convidada frequente em escolas, museus e eventos de networking para falar sobre como as sociedades, passado e presente, abordam as questões da mulher, direitos reprodutivos, amor e, claro, pragas. Saiba mais em jenashleywright.com

EVA BEE é ilustradora e, atualmente, mora no Reino Unido. Seu trabalho incorpora a arte tradicional, com linhas desenhadas à mão, e cores e texturas criadas digitalmente. Ela acredita que o poder das ilustrações é atribuir ideias e conceitos às imagens que desenha. A artista trabalha com publicações editoriais, científicas e publicitárias, como *The Boston Globe*, *The Washington Post*, *The Economist*, *The Financial Times*, *The Guardian*, *The Observer*, *Barron's*, *Der Spiegel* e *Reader's Digest*. Saiba mais em evabee.co.uk

CRIME SCENE ®
DARKSIDE

"Eu finjo que não me importo se as pessoas não
gostam de mim. Mas no fundo... eu adoro isso."

— **WEDNESDAY ADDAMS** —

DARKSIDEBOOKS.COM